职场精英
A Wonderful Speech

演讲蜕变
The Coming Through

周力之 著

西安交通大学出版社
XI'AN JIAOTONG UNIVERSITY PRESS

国家一级出版社
全国百佳图书出版单位

图书在版编目(CIP)数据

职场精英演讲蜕变 / 周力之著. —— 西安：西安交通大学出版社，2023.2(2023.6 重印)
ISBN 978-7-5693-2810-3

Ⅰ.①职… Ⅱ.①周… Ⅲ.①演讲-语言艺术 Ⅳ.①H019

中国版本图书馆 CIP 数据核字(2022)第 185627 号

书　　名	职场精英演讲蜕变
	ZHICHANG JINGYING YANJIANG TUIBIAN
著　　者	周力之
责任编辑	史菲菲
责任校对	王建洪
封面设计	李傲儿　任加盟
出版发行	西安交通大学出版社
	(西安市兴庆南路 1 号　邮政编码 710048)
网　　址	http://www.xjtupress.com
电　　话	(029)82668357　82667874(市场营销中心)
	(029)82668315(总编办)
传　　真	(029)82668280
印　　刷	西安五星印刷有限公司
开　　本	720mm×1000mm　1/16　印张 16　字数 294 千字
版次印次	2023 年 2 月第 1 版　2023 年 6 月第 2 次印刷
书　　号	ISBN 978-7-5693-2810-3
定　　价	68.00 元

如发现印装质量问题，请与本社市场营销中心联系调换。
订购热线：(029)82665248　(029)82667874
投稿热线：(029)82665379
读者信箱：511945393@qq.com

版权所有　侵权必究

PREFACE 1 序 一

从事组织人才发展工作16年的我,与力之老师(Richard)相识已经10年有余,依然清晰记得第一次见面时的样子,一位优雅、腼腆、内敛的男士。10年间从优秀变成卓越,很荣幸能够为他的《职场精英演讲蜕变》写序,期望能够让更多的人受益!

"言为心声",语言是思想的载体,思想是语言的灵魂。当今随着工作与生活节奏加快,传媒手段不断更新,说与听愈来愈频繁,我们已进入了崭新的言听时代。如何适应听觉需要,明晰传递自己的思想和价值观念,提高沟通表达能力比以往显得更加重要!

语言是一种工具,表达是一种艺术,说与听是一门学问。生动、鲜活、极具感染力地让自己的见解、判断力、逻辑能力在一些关键场合得以展现,以达到通过说的艺术有效实现传递思想与观念的目的,确实是一场严峻挑战。

作为一名资深职业培训师、顾问式培训专家,力之老师长期专注于商务演讲、领导力、客户服务等方面,因此他的书有着非常明显的特点,即聚焦职场人群,内容"从实践中来,到实践中去",书中案例和实训内容极为丰富,具有很强的实践操作性,是职场人士的必读书。

我特别推荐力之老师的《职场精英演讲蜕变》,并希望你成为跟力之老师一样演讲内容简明扼要、逻辑层次清晰、语言风趣幽默的精英!

苏丽莉

上海肯耐珂萨人力资源科技股份有限公司高级副总裁

肯耐珂萨卓越组织研究院院长

PREFACE 2 序二

精读力之老师书稿时几度嫣然而笑,真是笔风如人严谨不失幽默,灵动不失沉稳。力之老师全然投入的状态让我想起多年前我们合作的一个项目,交付关键节点能量爆表,多次奋战到凌晨三点,那种感觉就跟品读这本书一样,因为太过沉浸,以至于忘却时间。

无论授课与写书,力之老师都有着自己的独有洞见。除了在专业领域深度研究之外,在一些闲暇之中的边余之事中他也能时常撞击灵感提炼新知融入课程与书籍(用力之老师原话说"做个工作生活的有心人")。也正因此,力之老师被森鼎咨询的小伙伴和合作的HR(人力资源)朋友都称为"高能"导师。

这本书列举了演讲的7个公众场合,归纳了演讲应避开的40个雷区,并将讲者与听众深度连接的每一个关键时刻(MOT)都做了精细化拆解与示范。不管你对自我公众表达力提升的需求是不是"淡淡而又存在",相信这本凝结了"豁"老师13年实战经验的工具书,一定能助力你提升"言值"时代下的话语影响力!

陈 丽
广州森鼎企业管理咨询有限公司创始人
沃思(深圳)创新研究有限公司合伙人

1	领先一步的演讲观	1
	1.1 开会发言少,意味着什么	2
	1.2 演讲蜕变,总有个难忘起点	3
	1.3 听演讲,到底在听什么	6
	1.4 为何"台下是龙台上是虫"	7
	1.5 学演讲,就是"做软装"	8
	1.6 不要奢望一张口就语惊四座	9
	1.7 学演讲,别拿内向说事儿	10
	1.8 "沉默是金"不是"沉默不语"	12
	1.9 讲什么,要深入调查什么	14
	1.10 不怕讲不好,就怕没主见	14
	1.11 能讲的人不少,讲好的人不多	18
	1.12 突破站着的不适	19
	1.13 突破老套的道理	20
	1.14 演讲"撞衫",无力回天	21
	1.15 演讲失误之观点偏颇	23
	1.16 演讲失误之道理满篇	25
	1.17 微信群里练演讲	26
	1.18 演讲的博观约取	27
	1.19 "学习"定义对演讲的启迪	28
2	突破紧张,潇洒走上台	31
	2.1 为何上台会紧张	31
	2.2 勇敢走上台	32
	2.3 送"特产"心态	33
	2.4 用力过猛易讲砸	33
	2.5 适度紧张,做最好的自己	36
	2.6 梦想驱走彷徨	37

2.7	谁都是从"菜鸟"走过来的	38
2.8	"自来熟"暖场	39
2.9	知晓焦点效应,演讲大方自信	39
2.10	做手卡,有必要	41
2.11	你的美,美在独一无二	42
2.12	你若深入思考,上台就应自信	46
2.13	增强自信的三个方法	47
2.14	演讲的定位与轴线	48
2.15	不要把不习惯理解为不合适	51
2.16	演讲现场的物料准备	52

3 别开生面的演讲开场 ····· 57

3.1	自我介绍的六个公式	58
3.2	产品介绍的八个模型	64
3.3	演讲开场技巧	70
	3.3.1 演讲开场技巧之一:设悬念	70
	3.3.2 演讲开场技巧之二:用道具	72
	3.3.3 演讲开场技巧之三:析数据	75
	3.3.4 演讲开场技巧之四:讲故事	77
	3.3.5 演讲开场技巧之五:提问题	82
	3.3.6 演讲开场技巧之六:抛观点	85
	3.3.7 演讲开场技巧之七:定场诗	86
	3.3.8 演讲开场技巧之八:猜谜语	87
	3.3.9 演讲开场技巧之九:引名言	88
	3.3.10 演讲开场技巧之十:讲笑话	97
	3.3.11 演讲开场技巧之十一:应景法	98

4 丝丝入扣的演讲绽放 ····· 101

4.1	演讲绽放的结构	101
	4.1.1 演讲绽放的结构之一	101
	4.1.2 演讲绽放的结构之二	103
	4.1.3 演讲绽放的结构之三	104
	4.1.4 演讲绽放的结构之四	106

  4.1.5 演讲绽放的结构之五 ……………………… 107
  4.1.6 演讲绽放的结构之六 ……………………… 109
 4.2 工作汇报的突破 …………………………………… 111
  4.2.1 语言冗余型及其突破 ……………………… 111
  4.2.2 主题宽泛型及其突破 ……………………… 116
  4.2.3 数字堆砌型及其突破 ……………………… 117
  4.2.4 时机不当型及其突破 ……………………… 119
  4.2.5 含义不清型及其突破 ……………………… 120
  4.2.6 案例缺失型及其突破 ……………………… 121
  4.2.7 提问语塞型及其突破 ……………………… 123
 4.3 竞标演讲的章法 …………………………………… 125
  4.3.1 竞标演讲的章法之一 ……………………… 125
  4.3.2 竞标演讲的章法之二 ……………………… 129
  4.3.3 竞标演讲的章法之三 ……………………… 131
 4.4 岗位竞聘的逻辑 …………………………………… 134
 4.5 融资路演的结构 …………………………………… 136

5 细针密缕的演讲细节 …………………………………… 141

 5.1 标题吸睛 …………………………………………… 141
 5.2 了解听众 …………………………………………… 143
 5.3 时间分配 …………………………………………… 145
 5.4 三级提纲 …………………………………………… 146
 5.5 大料小料 …………………………………………… 146
 5.6 双金字塔模型的演讲应用 ………………………… 150
 5.7 跨越听众讨厌的 40 点 …………………………… 151
 5.8 做好听众的"导游" ……………………………… 154
 5.9 演讲与培训的区别 ………………………………… 155
 5.10 气息营造气场 …………………………………… 156
 5.11 亮音让声音插上翅膀 …………………………… 157
 5.12 语气的魔力 ……………………………………… 159
 5.13 语速的张力 ……………………………………… 161
 5.14 跌宕起伏 ………………………………………… 161
 5.15 即兴穿插 ………………………………………… 163

5.16 "解压"演讲 …………………………………………… 164
  5.17 五谷杂粮 …………………………………………… 171
  5.18 电影台词 …………………………………………… 183
  5.19 细嚼广告 …………………………………………… 186
  5.20 目光传神 …………………………………………… 188
  5.21 有快有慢 …………………………………………… 189
  5.22 说文解字 …………………………………………… 190
  5.23 语言瘦身 …………………………………………… 191
  5.24 不是朗诵 …………………………………………… 193
  5.25 排比应用 …………………………………………… 193
  5.26 演讲范例及技术分析 ……………………………… 195
  5.27 演讲点评避免"九不平衡" ……………………… 206

6 字字珠玑的观点提炼 …………………………………… 211
  6.1 "表达"的内涵 …………………………………… 211
  6.2 观点面面观 ………………………………………… 212
  6.3 独立思考 …………………………………………… 215
  6.4 老话新说 …………………………………………… 216
  6.5 规避"幸存者偏差" ……………………………… 217
  6.6 巧用数字类比和对比 ……………………………… 218
  6.7 独到观点 …………………………………………… 221
  6.8 平仄押韵 …………………………………………… 225
  6.9 词"汇"有术 ……………………………………… 227

7 余音绕梁的演讲尾声 …………………………………… 231
  7.1 尾声的雷区 ………………………………………… 231
  7.2 尾声要素 …………………………………………… 232
  7.3 促动行为 …………………………………………… 234
  7.4 提问应答 …………………………………………… 235
  7.5 演讲准备清单 ……………………………………… 239

后 记 ……………………………………………………… 242

1 领先一步的演讲观

演讲是公众场合的表达,而三人及以上就是公众场合。想想看,日常在公众场合讲话机会其实特别多,比如:

※ **晚上回家吃饭,一家三口围坐在一起。注意:你在公众场合说话!**

你对自己说出的话语要讲究品质要求,如果你讲话啰里啰唆,嗯嗯啊啊,或者措辞不讲究、话题不甄选、情绪不控制、见解很偏激,那对孩子的表达能力提升就是不好的示范,对家庭幸福感也可能有负面影响。

※ **公司会议发言。注意:你在公众场合说话!**

你对自己表达的逻辑性、措辞的精准性要做要求,诸如"又好又快"还是"又快又好",如果使用错位,就会传播出不一样的含义;对员工是"表扬"还是"鼓励",针对不同的表现,需要有不同的匹配;用"我相信"还是"我希望",在不同场合有着不同的定位;照本宣科读报告和如数家珍列数据、做分析效果自然大相径庭。良好的公众表达能力是优秀职场人士的必备。

※ **行业论坛发言。注意:你在公众场合说话!**

你的发言代表的是公司品牌形象,你的见解要有一定的行业高度和前瞻性,并对听众有价值有营养,你的言谈举止、声台形表要能彰显好公司的风范,为公司品牌增光添彩!

※ **岗位竞聘。注意:你在公众场合说话!**

你讲的内容是否是公司高管和面试官所关注的,你的思路、见解、表达是否让公司高管放心把重任托付给你,你的发言直接决定了你的晋升机会!

※ **投标演讲。注意:你在公众场合说话!**

在十五分钟的时间里要讲出公司简介、对甲方需求的理解、产品或服务的解决方案,这一气呵成的表现不能照本宣科,要做到内容精准、传播高效。

※ **融资路演**。注意：你在公众场合说话！

如何在十分钟左右的时间里阐明商业模式，说明竞争优势，评估实施风险，展现团队魅力，描绘未来前景，赢得资本青睐，你的演讲需要做到分钟级的设计。

※ **参加饭局**。注意：你在公众场合说话！

你讲话的气度要契合，语气要应景，话题要恰当，表达要大气，回应要得体，话语与身份要匹配，举手投足见魅力！

1.1 开会发言少，意味着什么

做得好没讲好，心里郁闷憋得慌，听众听得很惆怅！

张口说话，于平淡中见波澜，声台形表功力显！

应景发言，信手拈来见真章，话语层次有光芒！

一位跨国公司高管在总结这些年的职业心得时，把职业生涯概括为三个阶段：

第一个阶段叫 do well，你得做得精彩；

第二个阶段叫 speak well，你不仅要做得精彩，还得说得出彩；

第三个阶段叫 look well，你不仅要做得精彩、说得出彩，还得看起来很有管理者的魅力！

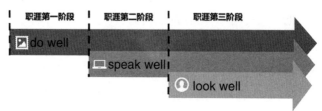

职业生涯三个阶段

在某次企业内训中,听一位高管说,前些年参加全球视频会议时,发言太少,吃亏太多!直到有一次首席执行官(CEO)在视频会议中讲了一句话,他被点拨醒了。CEO说:"开会发言少,说明两个问题:第一,你没有思考;第二,你没有价值。"

这句话在外企一般意味着什么?很多人可能非常明白——意味着饭碗随时可能丢掉!

他听了CEO的那句话之后,在以后的会议中都尽可能积极地发言,这也为他赢得了更好、更高的职业发展机会。所以说,在职场上干得好、说得好都至关重要,开会发言是绽放个人魅力和价值的绝佳机会。

本单元打卡练习

- 你上一次演讲或公众表达,是在什么时候?

- 你想带给听众/与会人员什么收获或价值?达成怎样的效果和目的?

- 你的演讲准备,如果用1~10分打分,可以打几分?

- 演讲后的效果,如果用1~10分打分,可以打几分?

- 在下次相同的情境下,你怎样准备可以呈现得更好一些?

1.2 演讲蜕变,总有个难忘起点

好看的皮囊千篇一律,有趣的灵魂万里挑一,怎样演讲更有魅力,细针密缕做设计,字字珠玑绽放自己!

让我们一起来挖掘一下自己的过去,给自己的演讲蜕变找到澎湃动力!

曲折的经历,往往印象更深。不管你觉得自己是不是有演讲潜力,在过去的岁月中,无论是职业生涯、读书时代,还是孩提时代,总有那么一次或多次当众讲话比较出彩的时候,这次当众讲话为你赢得了掌声,让你找到了自信,甚至让你抓住了成长和发展的绝佳机会!这样的时刻,找出它,不要忘记它!因为它会在你演讲恐惧时、有压力时再次燃起,照亮前行的道路,让你再次满血复活面对演讲台!

先讲为敬,下面是我的故事。

2003年2月18日,那天下午一点,我从位于上海虹桥机场空港三路的中国东方航空公司总部,去了位于上海浦东银城中路190号交银金融大厦的中国太平洋财产保险股份有限公司(以下简称太保公司)总部面试,这也是我职业生涯中的第一次跳槽。

太保公司总部的办公地点、办公环境都很不错,我到了31楼面试等候区,发现这里像看专家门诊一样,大会议室里挤满了三四十位等待面试的精英,都是意气风发的俊男靓女。有的人还拖着行李箱,一看是从外地赶过来参加面试的。这阵仗,让我感觉竞争的压力不小。

我找了个座位坐了下来,伴随着小有忐忑的心情,为自己期许接下来的好运。坐在我边上的一位年纪相仿的帅气又霸气的小伙子主动和我交流了几句,我记得他自信满满地说了这样一句话:"这里的薪资,与你想象的可能不一样。"咦!这话含义很丰富嘛!难道从现在就开始PK了吗,再说了,我是怎么想的,你是如何知道的?我没接话茬,也没理他,闭目养神。

经过漫长的等待,终于轮到我了。面试是在公司总裁助理谢总的办公室里进行的,办公室面积三四十平方米,视野开阔,黄浦江和林立的高楼尽收眼底。围坐一圈的面试官逐一发问,谢总坐在中间。

我当时没有保险行业从业经验,不过有近五年的航空业服务管理经验,我应聘的是保险服务管理岗位,而且我对应聘岗位的职责做了深入研究。所以,我用已有经验和充分的准备为自己壮胆,积极、自信而不自负地对面试问题逐一进行了回答。尤其是当被问及"你认为保险公司客户该如何管理"时,我把那几年小有钻研的客户关系管理(CRM)的先进理念、所在公司CRM的实践,以及结合对保险的浅显理解,阐述了保险业实施CRM的思路,我也提及了曾经在《东航管理》上发表过《刍议民航CRM实施》等文章,面试官们都听得饶有兴趣。

面试结束后,面试官之一车险部王总给我几张A4纸,让我在隔壁的小会议室把刚才讲的思路写出来,我心里掠过一丝小欣慰,洋洋洒洒写了好几页提交了。后来,我也顺利进入了太保公司,有了职业生涯中非常重要的八年保险业职业履历。

入职后,我知道了公司面试通过率不到15%。回想起来,我在与诸多有工作经验的名校硕士、博士的面试PK中能脱颖而出,与我的表达能力以及对客户服务工作的深入思考都有关。

若干年后,回想起当年在太保公司面试的场景,发现看似临场即兴发挥的应答,也是有章可循的,如理论的高度、开阔的视野、个人的思考、落地的实务等,都不可或缺,这些要素的有机组合让面试应答更有体系,能落地,并激发了提问者的兴趣点,引导面试官的下一个问题。

这次面试,让我对自己的口才有了一些信心。不过在此之前,我完全是另外一种自我认知,因为我曾经比较内向,在公众场合很不善言谈。

记得二十多年前,在本科毕业前的谢师宴上,班主任陈老师语重心长地对我讲:"力之啊,你知道吗,你们大一刚入学时我看到你做事很勤快,也乐于助人,就想让你做班长,可后来发现不行,主要是你不爱说话,太腼腆,感召力不够,毕业以后要加强啊!"陈老师这番话时常在我脑海萦绕,也一直是我改变的

动力。

在踏上职业生涯后的每一次会议发言中,我都刻意提醒自己:要充分准备,说话不能太随意,说话要有质量,有分量。这种持续的自我提醒,逐渐地产生了价值,也促使我后来踏上职业培训师道路。

回首走过的职业生涯,我的感受是:不管你的口才是优秀、中等还是较差,只要你对自己有信心,在不久的将来,就会蜕变出不一样的自己!如果我们对自己都没有信心,那谁还能对我们有信心呢?

所有的伟大,源于一个勇敢的开始,并且需要持续的磨砺!让我们一起勇敢走上台,自信赢未来!

回想一下过去的岁月,在哪次演讲中你发挥得比较好,为你赢得了真挚的掌声;或者在哪次公众表达中你做得有些失望,甚至有些沮丧。

请回顾此事,并把这件事情用语音或文字表达出来,这是我们学习演讲令人难忘的起点。

在这本书里,你将读到我的不少故事,或失败,或成功,或沮丧,或激昂,或忧愁,或喜悦,这些都磨砺着我精彩的生命!

1.3 听演讲,到底在听什么

人们为什么听演讲?听演讲,到底在听什么?这个问题有点哲学味道。在不同的演讲场景下,听众的目的有所不同。

我认为,听演讲更多是聆听,获得一种思维方式,包括丰盛的心态、思考的角度与高度、分析的方法、判断的维度、境界的提升等。人人都是不一样的烟火,人人都有独立思考,演讲者将自己的独立思考用演讲方式传播出去。

证券公司的投资分析会、投资讲堂、产品路演,如果只讲金融产品,显然只能叫产品说明会,视野和高度有限,效果自然就平淡。因此,投资分析会往往需要从国际金融市场行情、国内宏观经济走势、资本市场状况、板块变化趋势、投资风险分析等多方面做内容组合,最后落脚到投资策略上。这样的演讲,给了投资者在投资运作、资金运营方面拨开迷雾的深度思考、系统思考的方法,最后关联到金融产品,对投资者而言更有价值和深度。

苹果公司的产品发布会,虽然有些过气,但不可否认,产品发布会上很多新产品、新功能介绍的背后,更多是手机设计和使用的新理念、新流行的传递。

公司高管在公司年会上的演讲,更多也是总结过去一年的工作、传播新一年公司的发展目标、工作理念和思路。具体工作的细化,往往是在演讲之后,由不同层级管理者做战略解码、贯彻落实。

1.4 为何"台下是龙台上是虫"

有时候和友人一起交谈时,谈到尽兴处,因为针对某个问题我的见解清晰、逻辑分明、措辞精准、表达流畅,我会对自己的表达甚为满意,甚至在想:刚才为何没有把自己的精彩发言录下来,整理出来应该是有亮点、很精彩的。

回家后,根据对交谈内容的回忆,我把洋洋洒洒的发言做了一番整理、推敲、完善,接着试图再说一遍,可是问题来了:结结巴巴、忘词漏词,全然没有当时讲得那样流畅。为什么会这样?其实,这和拍短视频也很相似,不折腾五遍以上,不出现几次"NG",估计不会满意,不会过自己心里这道坎儿。

这就是即兴发挥和排练演绎的差异。我们不可能随时随地都能有精彩的即兴发挥,所以要做演讲排练,希望每一次的即兴发挥都能达到排练后的效果,此所谓**"你的随意不随意"**。

有网友把成龙的一段功夫片,模仿了一遍,并用画面对比的方式发在网上,

动作拟合到位,表情也非常同步。我看到下方网友点评,最惊叹的就是:那得模仿多少遍、排练多少遍才能达到?需要一帧画面、一帧画面地排练!

演讲也是如此,排练越多,台上自由"现挂"的能力越强。现挂,是相声术语,是指演员根据演出的实际情况,在适宜的情境里,联系当时当地发生的事件,现场进行即兴发挥。凭借演员的聪明才智,往往能收到意想不到的火爆艺术效果。现挂水平体现了演员扎实的功底,以及机智的灵活运用。网络上的很多短视频,一气呵成,没有废话废字,根据我的体验,一般都是反复拍摄才得到的精品。

精彩都在排练后,你的随意不随意!

在下一次的月度例会发言或其他演讲之前,你准备花多长时间做发言/演讲准备?为什么?

1.5 学演讲,就是"做软装"

如果你有一笔装修预算,会优先装修外面还是里面?几乎每个人都会回答"里面"。提升自己的演讲能力,也同理!每个人来到世界上有其使命,共

性的使命之一就是完善自我、蜕变自我,学演讲"做软装"就是蜕变自我。不管你在台上是口若悬河、久经沙场的,还是羞于启齿、手心冒汗的,完善自我都是必需的。演讲的好坏的确与天赋有关,但天赋高没训练的人,只能停留在话痨阶段,没有刻意训练难成高手。

五年前,你面对业务的压力,感觉有些彷徨甚至恐惧。现在,如果你碰到相似问题依然彷徨和恐惧,你应该问自己另一个问题:"难道这五年来我没有进步吗?即便五年来没有进步,那么从此刻开始,是不是应该有所进步呢?"这么一想,就自我赋能了,你也就开始在原有基础上开始蜕变了。

无论是突破不愿上台的消极、突破不敢上台的懦弱,还是突破压抑死板的表述,全都是在突破。每突破一次,就在你身上打上了无形的烙印,你如何把这种蜕变展现出来,不得而知,但肯定会在日后的演讲中展现出来。就像你吃了维生素,维生素到底去了身体的哪一部分,不知道,但对身体是有益的,间接在你身体机能某些指标的优化中体现出来。

1.6 不要奢望一张口就语惊四座

演讲不像唱歌,不要期待一张口就语惊四座、令人惊艳,一发声就掌声四起,大多数人不应该有这样的期望。即便你有一个令人惊掉下巴、颠覆大多数人认知的观点,如果不做铺垫就抛出,也不一定能赢得掌声,而且容易让听众产生对抗情绪。演讲不做设计,就像陈年老酒被倒在一次性塑料杯里,被端上一个破烂不堪的桌子,外部环境也很嘈杂,这时候喝酒的感觉就会大打折扣。

演讲一开始可以有破冰和笑点设计,属于暖场,继而通过一个"斜坡"导入主题,"斜坡"就是在听众思维和演讲者思维之间搭起一座桥,这是听众更容易接受的方式。还没导入主题就想通过华丽的辞藻来一鸣惊人,这比较难,反倒是丝丝入扣的阐述,让听众渐进接受的方式更好,并值得听众回味咀嚼。

我也尝试过多次希望在一开场用只言片语就能"引爆"全场的话语,发现除了设计笑点外,在演讲内容本身上很难做到一鸣惊人,慢慢地就不再有这样的奢望。看了很多 TED 演讲、名人演讲,发现大多也都属于这样。

因为没有了这样不切实际的奢望,我们就可以更加务实地看待演讲的开场设计,既不落俗套,也不哗众取宠,但却循循善诱很有说服力。总之,不要期待演讲一开场就惊艳全场,但需要精心设计、标新立异。

本单元打卡练习

以下文字,是中央音乐学院周海宏教授所做的"音乐何须懂"演讲的开场,请思考和分析周海宏教授这场演讲的开场设计方法。

> 两千多年前,俞伯牙就找不到知音,两千多年后的现代人也听不懂他的音乐。不仅是普通人听不出来,就连那些专门搞音乐的人也听不懂,听不懂也就是说听不出来音乐表现的是什么。这不是因为我们听众的欣赏水平差,缺少音乐细胞,没有音乐修养,而是因为音乐不能直接转达那种视觉性语音性的内容,所以我觉得俞伯牙不懂音乐,他要是真懂音乐就不会要求他的听众听出音乐中那么具体的东西。

1.7 学演讲,别拿内向说事儿

一说演讲能力强,不少人往往会和开朗、外向等词挂钩,认为好的演讲者应该是热诚的、开朗的、外向的,言下之意内向者就不能做好演讲。

内向的人适合做演讲吗?能做好演讲吗?答案是肯定的!

内向或外向性格,和做好演讲没有直接关系。演讲是经验的分享、思想的绽放,最主要是你在那个场合、面对那群人愿意分享。

荣格的心理学理论中提及:内向与外向的差别,不是来自外在所表现出来的行为,而是来自他们内心获取心理能量的来源不一样。外向的人,他的心理能量获取来自外部,你可以想象他有一根电线,需要插到墙上的插头里才能获取能量。而内向的人,他的心理能量来自自身,你可以想象他内部有一个电池,他自己想办法把电充到这个电池里面,而他消耗的是内部这个电池的电力。

内向的人靠安静地独处来"充电",而外向的人靠"社交"来充电。内向、外向各有千秋,没有好坏之分。内向者,在自己喜欢的情况下,或其工作所需的情况下,也会侃侃而谈、洋洋洒洒,这种情况可以称为职业状态切换。每个人在演讲时都有必要也都可以做到职业状态切换。

有一次我去天津给一家外企上课,中午吃饭时我去得比较晚,几位厨师坐在边上吃饭。菜做得很好吃,我就跟几位厨师说:"师傅啊,你们手艺真不错,菜做得很好吃,我感觉做你们厨师这一行真好,想吃什么,自己做,不仅可以享受过程,还可以享受结果。"

我这么一说,几位厨师异口同声地笑着回了一句:"我们平时在家里基本不做饭,逢年过节才露一手。"我一听,哈哈一乐,人家这也叫职业状态切换。

我在课堂上也问过学员:"大家觉得讲台上的我和生活中的我一样吗?"有人说"猜不出",有人说"差不多"。怎么可能一样呢?

我在家里要是说这么多话,那还了得,那日子还过不过啊!记得我儿子刚读小学时,我们一家三口去超市购物,我买东西都挺快的,噼里啪啦就把东西往购物车里放。我每放一样物品,我儿子总要拿过去问一下我太太:"妈妈,这个要不要?"我一看,我的话语权挺少的,小有郁闷!再一想,这就对了,这也叫职业状态切换。

所以内向的人做演讲,你只要做好你的状态切换就可以。不管你是内向、外向的,上台演讲、公众表达都需要切换到开朗、健谈、自来熟的状态。演讲能力好坏,与外向、内向的性格没关系,不要拿内向说事儿!

本单元打卡练习

如果你认为自己的性格是偏内向的,请找出你以往某次很外向、很洒脱的公众表达场景,可以是饭局上、会议上、亲朋好友婚礼上的发言等,并分析为何当时你会表现得偏外向。

如果你认为自己的性格是偏外向的,请找出一次公众表达中你认为表现偏内向的场景,并分析你当时为何会表现偏内向。

1.8 "沉默是金"不是"沉默不语"

沉默是金是指不咋咋呼呼、不夸夸其谈,沉稳而有内涵,自谦而有深度,在关键时刻抛出掷地有声、短小精悍的见解。沉默不语则是一句话也不说,保持沉默。

沉默是金看起来和演讲有些格格不入,不过演讲中需要穿插必要的"沉默是金",这是演讲者底气和说服力的有机组成部分。

朋友赵莉是资深的寿险顾问,有一次饭局上,同桌有位不太熟悉的朋友问她"做保险是不是有点像传销啊",赵莉听了很不舒服,也有点尴尬,显然这位仁兄的提问对保险是有误解的。

赵莉热情又着急、友善又认真地给对方"上了一课"。她说:"保险是营销,在销售阶段需要热情、激情,如果没有热情,很多人不会去听你、去理解保险产品,所以容易被误解为传销。另外,很多人是厌恶风险的,不愿意听风险。保险销售成交只是保险服务的开始,后续还需要提供专业、良好的服务,如果我们对保险产品有期待,就不应该用对待传销的方式来看它……"

这一段话有点拳头打在棉花上的感觉,句句有道理,却缺乏说服力。沉默是金此时如何体现?在做演讲辅导时,我给她的建议是:先沉默,再抛"金"。

例如,可以先用微笑而冷峻的眼光看一下对方,停留2~3秒。既尊重对方又彰显自信,自信的目光就是淡定的说服力,同时也显得沉稳大气不急躁。如果此刻急躁,则正中对方下怀。接下来,字字珠玑地说出以下话语,作为沉默之后的"金":

李总,您的想法我很能理解,很多保险客户经理的确是热情洋溢、能量满满的。

保险是管理未来的风险,是有责任感、有风险意识的体现。在华尔街,没有商业保险的人,很多高端职务都很难获得。

您事业做得非常成功,忙于企业运营管理,日理万机,花在健康、风险管理方面的时间和精力比较少。我从事寿险顾问××年了,如果能成为您的保险顾问,这是非常好的互补,也是我的荣幸,我们有缘相识,可以深入交流一下。

你有没有感受到小沉默之后说出以上三句话的威力!沉默之后说三句,不多不少有魅力!

曾经有位魔力演讲学员问我:"周老师,在达到台上完美呈现状态之前,你是怎样排练的,让我循着你的捷径来借个力?"

在回答这个问题时,我第一感觉就是要"惜字如金",要说得点穴。

我点头、微笑地看了对方几秒钟,对提问表示赞许,然后语速平缓地说了以下话语。

你问的问题很好,在达到台上完美状态之前,如何排练,我有三点建议:

(1)船停在码头是最安全的,但那不是造船的目的。

(2)台下排练很安全,但不上台就看不到演讲的问题点。

(3)台下精心排,台上认真练,这次上台就是下一次的排练,这是我所理解的"排练"。

假如你是销售代表,在与客户进行价格谈判时,你给客户的优惠已经达到最低点,但客户依然讨价还价。请使用"沉默之后说三句"的模式来应答。

1.9 讲什么,要深入调查什么

演讲者最核心的能力是思辨能力和表达能力,也即分析、推理、判断、表达能力,对很多事物能提出自己的见解和分析,并清晰地表达出来。

可是问题来了,话题方方面面、事物千头万绪,抛出见解的基石在哪里?那就调查研究!

正所谓没有调查就没有发言权。要讲股市行情,不仅得是证券分析专家,还需要对近期的市场行情做深入调研;作为企业咨询师,要说明企业发展中的问题,就需要对企业经营状况、组织架构、内部反馈、市场状况做全面调研,一场演讲的背后就是一个微咨询;要去某大学做报告,也得了解听众是刚刚入学的新生,还是即将毕业的研究生,他们所面临的困惑有哪些,这所学校的历史和校训等。即便是分享自己以往的经验,也要对自己"调查研究"一番,梳理自己的发展历程,客观地呈现自己的成败得失,并提取精要的观点。

曾听某位大学教授讲大数据营销课程,我很惊讶他把诸如完美日记等公司的案例分析得很深入、很透彻,这些公司是近几年崛起的独角兽公司,而这位教授已年近六旬,他还能把新公司案例研究得这么深入、透彻,让听众对其治学精神肃然起敬。

所以,在演讲开始前,你可以问问自己,对所讲的事物、主题,做过调查研究了吗?

请找出以往饭局上某一个自己喜欢讲又擅长的话题,分析你在这方面的积累、经历或调查比别人强在哪里。

1.10 不怕讲不好,就怕没主见

一个没有主见的人是不成熟的,这样的人在社交中很难获得别人的重视。有主见是自信的表现,是成功必备的品质。社交中,没有主见的人不但看起来软弱可欺,而且很难让人产生信任感甚至尊重感。所有人都敬重强者,对那些不自信、没有主见的人,人们最多施以廉价的

同情,而不会喜欢,不会乐于亲近。所以,每个人都应该做一个有主见的人,给别人传递出自信的信号。

演讲及对他人演讲的点评,都是练习主见的好机会!

在每一次魔力演讲课程结束后,学员会轮流在同学会群里做演讲分享。我做过数百次演讲点评,一般都在400字以上,有一次点评完,发现居然超过1000字。不是为凑字数而做点评,而是思想的激荡、信息和思考的关联,对演讲者的优点进行技术性肯定,对演讲中可优化的方面提出建议,在分析、吸收别人观点时,做自我观点的归纳和输出,也即提出自己的主见!

如何培养自己的主见?

1)行万里路

见多识广,就相对容易对事物做出判断。当然,见多识广不是说去的地方多就一定视野开阔,而是每一次都带着好奇的眼光去看、去思考。

比如,我开车带家人外出时,喜欢问孩子问题,带孩子观察,让孩子思考。记得有个假期,我带家人去上海杨树浦路的上海国际时尚中心游玩,这里在新中国成立前曾经是纺织厂(当时称纱厂),纺织车间屋顶是锯齿形的。我就问孩子:"你知道为什么以前纺织厂的屋顶是锯齿形的吗?锯齿形有哪些好处呢?"孩子会说出自己的理解,也有一定道理。最后我们在探讨、百度搜索中得到相对完整的答案:因为纺织厂面积很大,做成锯齿形屋顶,采光就很充分,而且屋顶不用建得很高,用的玻璃也不会非常多。新中国成立前,玻璃是很贵的。

带着问题、带着思考,一趟出游就更有收获,开阔了视野,培养了主见。

我对自己有个要求,每去企业培训一次,尽量发现一个亮点。这些亮点,企

业内部员工可能感觉不明显,但对我来说新鲜度很高,而且我在思考,他们为什么这样做,继而就有深度思考,也有了见解。

例如,有家知名企业有个"战略客户部",我就有点好奇,因为一般公司类似部门都叫大客户部、重大项目部,不太听说"战略客户部"。后来一了解,原来这些客户对这家公司发展举足轻重,相当于VVIP(超级贵宾)。有些事务协调,需要直接由公司高管出面,时效性要求更快,活程度要求更高,甚至需要"特事特办",所以公司就成立了"战略客户部",要求全公司上下确保战略客户的满意度、忠诚度、续约率。

再如,有家知名的化妆品公司,产品线非常丰富,但其客服代表对产品都非常熟悉,不仅熟悉,连包装上的细节都非常了解,我觉得很惊讶。详细一问,原来公司培训的时候不仅是发讲义看PPT(演示文档),更会结合实体产品的体验,给每位学员发公司化妆品的试用装。这样的培训让客服代表有了感同身受的体验,回答客户问题自然游刃有余,使公司高端的品牌风范得到了体现。

2)读万卷书

想要输出自己的独到见解,就需要大量的知识输入。先博览群书,对很多种类的知识有个大致的了解,然后选择自己更需要的、更有共鸣的内容去精读,就是从量变到质变的过程。在这个过程中,会逐渐养成思考的习惯,思考自己还有哪些疑问没有解答,促使自己去阅读与这些问题有关的书籍。这样积累一段时间后,分析问题就会得心应手,运用自己从书本中学到的专业知识去解读问题,容易产生自己的独到见解。

我读了余秋雨2019年出版的《雨夜短文》,感觉很有营养、很有启迪。这本书是余秋雨为数不多全是短文的作品。这不是鸡汤式作品,余秋雨自己也说他从小就排斥文青式的抒情、鸡汤式的教言,更讨厌故弄玄虚、套话连篇。他将生活琐事用散文的方式写出来,带来深刻的启发和感悟。他为什么用"雨夜短文"做书名呢?他说他在深夜写作时听到雨声,会惊喜地站起来到窗口伫立一会儿,感觉深夜的雨有诗意又滋润,雨夜写的文章不琐细、不枯燥、不冗长。

书中有篇文章写他从意大利去圣马力诺参观。圣马力诺是一个只有六十平方公里、两万人的国家。当年拿破仑纵横欧洲,把谁都不放在眼里,有一天突然发现在意大利国土之内居然还有圣马力诺这个芥末小国,就饶有兴趣地吩咐下属找小国首领来谈,条件是这样的:如果圣马力诺愿意继续存在,可以再拨一些领土给它,让它稍微像样一点。

圣马力诺人告诉拿破仑,他们的国父说过:"我们不要别人一寸土地,也不给别人一寸土地。"拿破仑沉默良久,没想到在这个最不起眼的地方碰撞了另一个价值系统,他没有发火,同意了。

余秋雨说这事给他很多思考。到底什么是"尊严",他认为有三点:

(1)尊严主要产生于以弱对强、以小对大,而不是反过来;

(2)尊严主要产生于平静的自述,而不是争辩;

(3)尊严主要产生于拒绝而不是扩张。

"以弱对强、平静的自述、拒绝而不是扩张"这三个方面对我们面对特殊情况,树立自己的尊严也很有启发。

我曾经在一家干洗店看到过这样的场景:我去送衣服干洗,这时候有位先生拿了一件米色毛呢大衣也来干洗。一般干洗大衣价格在60元左右,这位先生问:"20元可以洗吗?"干洗店服务员礼貌地答了一句:"对不起先生,洗毛呢大衣要60元,我们洗完有手工去毛球,另外还送防潮袋给您,很划算的。""30元可以洗吗?"这位先生又问了一遍。

"先生,不好意思,价格差得太多了,这样吧,我给您特别申请一下,按会员卡9折,54元就可以,您看可以吗?"服务员说道。

"最多给35元,洗不洗拉倒。"这位先生冷冷地来了这么一句。

这时,我看到这位服务员很有礼貌、很平静、很有尊严地说了一句:"先生,很抱歉,这个价格比我们的成本都低,也大大低于市场价格,不合适,所以我们不能洗。我们要对洗衣的品质负责。"

平静地拒绝,有理有据有节,礼貌不卑微,说得有尊严!我们有时拒绝别人,不要不好意思,不要唯唯诺诺,余秋雨说的"平静的自述"很有意义。

读他人之书,长自己见解。

3)信权威,而不尽信权威

行行业业都有权威,权威人士的说法一般公信力更高。不过权威也要细分方向,一个研发的权威人员对研发的见解,大家一定很认可,不过非研发人员对研发工作的见解,我们质疑一下也很正常。

信权威,让我们有好学之心、虚心进取之心;而不尽信权威,让我们看待问题也有自己的独立思考,容易有进步。

正如胡适先生所提出的"大胆假设、小心求证",人类自然科学的不断发展,就是在原有理论体系基础上大胆质疑之后的突破。

"蜜蜂发声靠的是翅膀振动"这个曾被列入某些书的生物学常识,被一名叫聂利的 12 岁学生用实验推翻了,聂利为此撰写了一篇论文《蜜蜂并不是靠翅膀振动发声》,荣获全国青少年科技创新大赛银奖和高士其科普专项奖。这一发现出自一名年仅 12 岁的学生之手,的确难能可贵。

1.11 能讲的人不少,讲好的人不多

现在已经不是"酒香不怕巷子深"的时代了,只有敢于表现自己,才能让别人了解你、欣赏你、喜欢你。一个总是隐藏自己的人,会让人忽略和遗忘,会变得更加自卑。反之,通过积极参与来锻炼自己的心理素质,磨炼自己的各种技能,就更可能让自己越来越自信。

在十余年的企业培训中,我接触过很多管理者,接触他们,主要是通过两个场合:培训开场、午餐交流。在这两个时间节点,我都友善交流、认真倾听,因为我知道这是素材来源、体验企业的 MOT。

在爱克发公司培训时印象深刻,那位副总用自己切身体验的故事做开场,让看过不少开场讲话的我眼前一亮,这比单纯"提要求"的开场似乎更有新意和吸引力。她讲了自己在超市购物的两个故事,继而抛出问题让大家思考,接着引入当天培训的主题,一切看起来平滑又自然。

管理者讲故事、分析故事能力是刚需,"故事+问题"是最难又最容易的开场导入方式之一。说它难,是因为用这种导入方式的人不多;说它容易,是因为这种导入方式有章可循而且人人有素材。

> 本单元打卡练习
>
> 请分析你所在企业管理者讲话的内容和风格,找出你认为演讲能力最强、魅力最高的演讲者,并在其下次做演讲时分析其演讲的亮点和技术方法。

1.12 突破站着的不适

坐着演讲和站着演讲有哪些区别?

首先是演讲者给听众的视觉冲击力不同。坐着讲,肢体语言不能充分发挥,听众看到的更多是表情动作,偶尔有些幅度不大的手臂或手掌动作;而站着讲,给听众带来的身台形表的视觉冲击力更大。

其次,站着讲和坐着讲对演讲者对于内容的熟悉程度要求有所不同。坐着讲,可以偶尔或者一直看稿子,看稿子很容易,记不住也影响不大;而站着讲则需要演讲者对内容烂熟于心,并热情洋溢、铿锵有力地展现。

我曾经在某家企业讲完两天内训课程,该企业的副总做尾声讲话,大家掌声之后,那位副总拿起话筒站在台上,目光扫视四周,迟疑了三秒钟之后,说了句:"搬张桌子和椅子上来。"大家哑然失笑。原来这位领导多年来都是坐着讲,一下子站着讲很不习惯,尤其是站着而且面前无桌子遮挡讲话更不习惯。

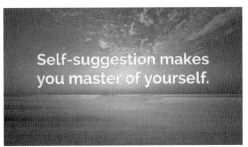

戴尔·卡耐基说过:"做害怕的事情,害怕就会消失。"要突破站着演讲的不适,最有效的方法就是在每一次演讲时尽量站着去讲。开会发言时,别人都是坐着讲,轮到你了,你要突破心里的"不好意思",站起来讲,站到前方去讲。这样会让你面前失去遮挡物,一开始你可能会有点紧张,但很快会发现这样也让你有了绽放的舞台,让你渐进地学会了在台上绽放光彩。

我在站着汇报、站着演讲方面也有印象非常深刻的经历,这也是我当年在公司能够脱颖而出的有力推动之一。

2006年公司派我从上海总部到深圳筹建电话销售中心,电话销售中心属于总公司的派出部门。那时候我基本上每个月左右回总公司汇报一次,汇报是在月度的司务会上,对象是公司领导及总部各部门的负责人。司务会上,大家都习惯坐着讲,在轮到我的时候,因为我准备了PPT,而且还有在电话销售中心现场拍摄的视频要播放,我就站在投影幕布边上做汇报。

因为当时在公司站着汇报的人比较少,那一次几乎所有管理层的目光都被我吸引了过来,而且当我用翻页器点着屏幕上的一些数字和图片的时候,他们听得更加投入。当我讲现场的案例、故事和场景时,他们听得很认真,还有提问,因为越是高层管理者,接触基层的机会越少,接触客户的机会越少。当我把案例故事讲完再归纳出观点的时候,他们都给了赞许的目光和掌声。这样的经历让我更加坚信应该站着去做汇报、做演讲。

本单元打卡练习

如果你以往是坐着做汇报、演讲或讲话,下一次请你站起来讲;如果在公众表达中你一般都是站着讲的,那希望在下次站起来讲的时候,你讲得更加自信一些,看屏幕时间更少一些,对内容更加熟悉一些。

1.13 突破老套的道理

有的话题如"安全生产""风控管理""财务规范""质量管理"等,道理是亘古不变的,有的管理者不会讲话"炒冷饭",原封不动去照搬,或者满嘴大话空话。老套的道理没人听,拾人牙慧没人听,老话新说、深度思考、结合实务、具体又落地的话语才有人听。

例如,演讲中提及"微笑要露齿",似乎就有些大道理说教的感觉,但如果说"灿烂微笑,从齿开始",则让感觉耳目一新,印象深刻。

例如,"很想念家乡的小吃",这样表达缺乏文采,如果说成"是否思乡,胃最知道"则朗朗上口,余味悠长。

例如,要阐述"坚持就是胜利"这个千百年来不变的道理,贝索斯是这样说的:"我发现,所有的一夜成功,都需要花费十年左右的时间。"这样的表达,显然让老套的道理焕发了新生。

你是自己的代言人

口才从来都是工作绩效的一部分

你就是自己独一无二的代言人

人人都是自己的产品经理

人人都为自己代言

有人说公司考核是老板凭印象打分,似乎有点客观。我想请问:对那些难以量化的工作,老板根据对每个人的印象打分,还有比这更有道理的方式吗?

那进一步的问题来了:如果在你和老板有限的接触时间里,你不能通过表达传播你的工作内容、工作思路,那考核结果不好又能怪谁呢?工作兢兢业业,讲话含含糊糊,重担怎能给你?

1.14 演讲"撞衫",无力回天

撞衫不可怕,谁丑谁尴尬。穿衣撞衫之后,尚有解决办法,演讲"撞衫"之后,就有点无力回天了。

"咦!他的演讲和王总讲的如出一辙?"

"哎,他的演讲怎么每次都是这几句?"

听到这样的反馈,演讲者一定无比尴尬。复制、拷贝不用动脑筋,貌似省力,但在听众脑海也不留一丝痕迹,其实在做无用功。突破千篇一律,就要遵从内心,因为同一个人在每一个时点想法是有差异的,把当下思考、内心感受稍加修饰地表达出来就不太会"撞衫"。

当然了,在多人轮流发言的场合,你的当下思考就有可能和前面的人"撞衫",这时候要另辟蹊径来表达,或者老话新说,总之,不能"同上"。

比如,对于如何给孩子辅导作文,我相信每个家长都有自己的见解,我的观点是"精品拆解法"。

模块化拆解

这个观点怎么来的? 其实来自我的实际体验和思考。寒假里给孩子辅导作文,我从书架上选出一本书《名校满分作文》,随手一翻,有篇文章就吸引了我,标题叫"乡下的秋"。

我问孩子:"为什么作者标题用的是'乡下的秋',而不是'乡下的秋天'?你有没有体会到其中的差异?"显然前者更有内涵,范围可以写得更广,而后者只能写天气、写环境。再展开来看,作文一开场又吸引了我:"我独自走在石子铺成的乡间小路上,入秋了,头顶的太阳不再像盛夏那样酷烈,反倒增添了几分温柔,即使直射在脸上也不会让人觉得灼热。"一般的小朋友写秋天是从气温的变化开始的,这就很落俗套,而小作者是从"我独自走在石子铺成的乡间小路上"开始,画面就栩栩如生,很有带入感。接着用了对比手法,"太阳不再像盛夏那样酷烈,反倒增添了几分温柔",这种对比和起伏,让人感觉到季节的变化,文笔很细腻很新颖。

还有篇文章写初中生活初体验,小作者写到了初中生活是丰富多彩的,是紧张充实的,是美好温馨的,对这三个词的诠释用了三段文字,而三段文字用了三个画面并嵌套了相应的小故事,这样就很生动,实现了内容的干湿搭配。

我建议儿子按我说的方法拆解精品作文,再对照来写作文,很多精髓就体验和领悟了。实践证明,"精品拆解法"对激发孩子写作文的兴趣,提高作文实战能力大有裨益。

我相信我这样的观点"撞衫"的概率不太高,即便有相似的,也是英雄所见略同。

本单元打卡练习

假设在今年公司的年终工作大会上,你被评为"优秀管理者",需要做获奖发言。建议避开常见的"谢谢七大姑八大姨,谢谢××TV"的模式,说出"不撞衫"的观点。

1.15 演讲失误之观点偏颇

偏见偏见,以偏概全,最主要的是表达者本人还不觉有偏,盲人摸象说的就是这个道理。

1)以偏概全的原因之一是取样空间有限

我有几个要好的上海本地朋友,他们土生土长在上海,但他们都喜欢吃辣、很能吃辣,聚会时湘菜馆常是首选。如果据此就得出结论"上海人都很喜欢吃辣",这肯定不客观,这是取样空间的偏差造成的。

去某地出差,一下飞机就发现雾霾很严重,如果据此得出这个地方平时空气就不怎么好的结论,还自己佐证:连这个季节,都有雾霾。这样的判断肯定是以偏概全。

2)以偏概全的原因之二是发言者非当事人,根据不同角度猜想

如有人在网上发帖讨论"上海虹桥到浦东机场的联络线在莘庄未设站"的事宜,此帖下方评论五花八门:有人说这是规划不合理;有人说这是莘庄争取不积极;有人说一年坐飞机没几次,设不设站没关系……各种说法,都是用单一分析替代全局分析,用单一视角替代全面视角。这样的观点在网上交流可以,若在台上演讲时抛出,听众必然一片哗然,因为真正的原因,要听设计规划人员的分析,或做深入全面的调研,那才够专业、客观和全面。

3)以偏概全的原因之三是受口碑或他人结论的影响

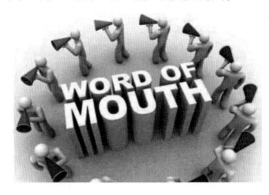

比如,你搬家到一个新的小区,人生地不熟,忙了一整天,晚上你想理发。下楼之后你找了半天也没发现什么理发店,这时候迎面走来一位老先生,你就走上去问:"大伯您好,我是咱们小区新搬来的,问一下咱们小区哪里理发比较好?"老先生告诉你:"小区里××理发店,千万不要去那家!手艺很差,收费很高,态度还不好,去哪儿都行,别去那家。"听了这话,你去找其他理发店,找了半天也没发现其他理发店,心里想:不就理个发嘛,说不定那家还不错呢,就去那家了。推门进去,发现满地是头发,一个客人都没有,两个工作人员坐在墙角跷着二郎腿喝着茶。这时候你会得出什么结论?人家说它差,果然是脏乱差。估计你一甩门就出来了。

可假如你刚才没有碰到那位老先生,你碰到一位老太太,你说:"阿姨您好,我是咱们小区新搬来的,问一下咱们小区哪个理发店比较好?"老太太告诉你:"小区里××理发店(就是刚才说的那一家),价格很公道,手艺也不错,态度还很好,你去那家准没错。"听了这话之后你就去了。一推门进去,发现满地是头发,一个客人都没有,两个工作人员坐在墙角跷着二郎腿喝着茶,这时候你又做何结论呢?看到满地头发,估计结论就是"生意好",而且刚忙完,人家休息一下,养精蓄锐,可以为自己剪一个更好的发型出来。

同样的理发店,你一会儿说它好,一会儿说它不好,主要是因为受到了别人的意见或者观点的影响,或者说受到了口碑的影响。

以偏概全在心理学中也称为"晕轮效应",是指在人际知觉中所形成的以点概面或以偏概全的主观印象。

美国心理学家凯利对麻省理工学院(MIT)两个班级的学生分别做了一个实验。上课之前,实验者向学生宣布,临时请一位研究生来代课,接着告知学生有关这位研究生的一些情况。其中,向一个班学生介绍这位研究生具有热情、勤奋、务实、果断等多项品质,向另一个班学生介绍的信息除了将"热情"换成了

"冷漠"之外,其余各项都相同,而学生们并不知道。

两种介绍之后学生们的差别是:下课之后,前一个班的学生与研究生一见如故,亲密攀谈;另一个班的学生对他却敬而远之,冷淡回避。可见,仅介绍中的一词之别,竟会影响到整体的印象。学生们戴着这种有色眼镜去观察代课者,而这位研究生就被罩上了不同色彩的晕轮。

请就"选择重要还是努力重要"发表自己的观点,做到深入、细分、不偏颇。

1.16 演讲失误之道理满篇

"大道理"一词在古代和现代的含义不尽相同。在古代,大道理是指用划道的方式把宇宙圈在道内,这个道是最大的道,这个大道内部能量的运行规律就是大道理。《道德经》里面用一句话说明大道理:无名天地之始,有名万物之母。

而在现代语言中,大道理有以下两层意思:①高于一般的原则和理论。如:这些大道理人人都懂,真正做到可不容易啊。②脱离实际的空洞理论。如:有的采访对象习惯于讲大道理,而忽略具体事实的介绍,只是口头上说说,却不能用行动去证明。

水满则溢,月满则亏。大道理满满的演讲,让人腻味。

道理是人类智慧的结晶,"结晶"是提纯的物质,是高浓度的,往往不能直接吸收,需要稀释,需要"温水送服"。曾经有位群友,天天在群里发心灵鸡汤或人生哲理,时间久了,几位群友忍不住提醒几句,他还是不改变,最后很多人退群闪人。心灵鸡汤密度过高,那就是"心灵地沟油"了,大家都避之不及。

小故事大道理

我们在中小学读过的乌鸦喝水、农夫和蛇、龟兔赛跑等故事,都摘自《伊索寓言》。《伊索寓言》用 300 多篇故事总结出人们的生活经验和为人处世的道理。

所以,当你在演讲中想表达某一个道理时,至少要找出一个支撑的故事或案例,而且还不能是很特殊的个案,要相对具有普适意义。

本单元打卡练习

如果你想诠释"面对新生代,管理者的职能有必要与时俱进丰富化",你需要准备怎样的案例或故事来支撑你的观点?

1.17 微信群里练演讲

作为社会人,每个人都处在若干个微信群里,这样人们可以更快捷地与某一个群体的伙伴沟通,也更方便地看到其他伙伴的话语和心声。当然,如果你不想看到,也可以忽略或"折叠该群组"。

在群里针对某个议题的发言,就相当于当众讲话,只不过不是用语音和视频方法,更多是文字方式,这也是日常练习演讲的绝佳方式。当众讲话能力训练有三招:快、简、新。回复要"快",历练即兴演讲力;回复要"简",历练精简表达力;回复要"新",历练新知学习力。

如有人抛出"怎样培养自己的爱好"这个话题,你可以根据自己的理解迅速抛出观点。对于这个话题,我的见解如下:

1) 识别爱好

当你做这件事时感觉得心应手又很喜欢,那估计就是爱好。

2) 强化爱好

爱好需要时间的浇灌,爱好需要持续维系,索性每周给自己一定的时间去维系、发展、强化爱好。

3) 回顾爱好

回顾爱好就像看旧照片一样,让你找到当初美妙的感觉,让你更加热爱自己的爱好,就像健身爱好者看到自己健身带来的身体变化、唱歌爱好者看到自己歌唱越来越好、跑步爱好者看到自己跑步里程数越来越多一样。

请应用"快、简、新"的原则,说出"工作干得好与说得好"之间的关系。

1.18 演讲的博观约取

苏轼在《稼说送张琥》一文中提到"博观而约取,厚积而薄发",博观就是一个通过广泛学习积累的过程,约取则是在博观中取其精华弃其糟粕的过程。

犹如种地,只有养好了地力,种出来的庄稼才好才精。有一年我去河南出差,买了些河南特产"铁棍山药",河南的朋友告诉我,好的山药基地,土地 7~8 年才种一次,种一季山药把土地的营养都吸收了,需要养地。

厚积而薄发指的是大量地、充分地积蓄，之后择其精华少量地表露，也即厚积之后，才能有薄发。一个人的演讲与口才，也需要博观约取、厚积薄发。看演讲者台上素材信手拈来，数据如数家珍，表达口若悬河，这都源于日常的积累和表达。胸无点墨，自然无法做到游刃有余。

演讲不是简单的知识、信息、见解的传递，是一种传播。演讲者不仅要有丰富的知识背景去讲授知识点本身，还要讲知识的关联或应用，激发听众兴趣；同时，还需要将技术和艺术的方法结合，做到深入浅出。正所谓你有一桶水，你才能游刃有余地给别人一杯水。

知识面狭窄、演讲技巧欠缺的演讲者，只是把"蔬菜"传递给听众，而知识面广、演讲方法丰富的演讲者，则是选好蔬菜、清洗干净、做好切配、精心烹饪后，与听众温馨愉悦地共进晚餐。

本单元打卡练习

请观察公司内部优秀的管理者、有口才魅力的管理者，他们的信息积累都包括哪些方面？

1.19 "学习"定义对演讲的启迪

从"学习"的角度来讲，演讲是听众学习的过程；根据教学相长的原则，也是演讲者学习的过程。"学习"的定义富含很多演讲的行动指南在其中。

"学习"的定义之一:通过阅读、听讲、研究、实践等获得知识或技能的过程。

关键词1——"阅读":资料很重要！演讲没资料,回去就忘掉！

关键词2——"听讲":做演讲,要好嗓。演讲者声音有亮音,有抑扬顿挫感,重音突出,节奏明快。

关键词3——"实践":坏把式光说不练,笨把式光练不说,好把式能说能练。演讲中有必要向听众做示范,并倡议、鼓励、安排听众实践。

"学习"定义之二:学习的意思在这里并非指获取更多的资讯,而是培养如何实现生命中真正想要达成的结果的能力。(摘自彼得·圣吉《第五项修炼》)

关键词4——"资讯":听众听演讲不是为获得资讯,而是从资讯中提炼、感悟、获得能力。

关键词5——"生命中真正想要达成的结果":演讲带给听众的学习是启发心智的过程。资讯用于开阔眼界,感悟才能启发心智。

2 突破紧张,潇洒走上台

2.1 为何上台会紧张

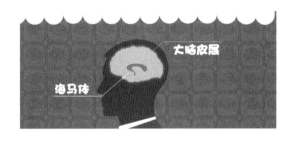

人们大脑中的海马体是记忆的制造工厂,海马体将外部输入的信息按照需要进行分类,将不需要的信息排除,将需要的信息挑选出来传递给大脑皮层保存下来。正所谓"一朝被蛇咬,十年怕井绳",主要是因为过去的危险被海马体记住了。万一海马体完全损伤,那就丧失语言记忆的能力,即便是刚发生过的事也不能记忆下来。

大脑中的杏仁核可以判断外界输入信息,并以最快的速度判断出信息是危险还是安全,判断之后会即时做出情绪或身体的反应。杏仁核从不休息,时刻在扫描危险。当你站在台上看到一大群人盯着你的时候,杏仁核马上意识到,你如同群兽眼中的猎物一样遇到了危险,然后迅速把危险信息传回到掌控求生本能的大脑。于是,呼吸变得急促,这样就可以为血液提供更多氧气,心跳加快,血液流向胳膊和腿部,让你力量更大一些,跑得更快一些,所以紧急状况下往往会做出超常反应。

这时你已经做好准备:要么战斗,要么逃跑!在面临生死的头等大事面前,血液从其他器官中被调拨过来。因为血液被调拨去了四肢,所以手心、脚心冒汗,大脑一片空白,即便昨天准备得很充分,今天一上场可能连开场第一句话也想不起来。所以,紧张和杏仁核有关,记忆和海马体有关。要突破紧张,就得让杏仁核认为"危险"变小,甚至不是危险。

2.2 勇敢走上台

某企业内训课开始前,该企业的培训主管小李过来和我交流:"周老师,我觉得演讲能力很重要,我很想学演讲。"我说:"很好啊,学演讲要多练习,练习机会马上就有,等一下开场时你带领大家做个开合跳的热身操,活跃一下气氛,怎么样?"

小李马上摆手说:"老师,那不合适,今天听课的都是领导;再说了,开合跳我也跳得不好;还有,我主持经验也不丰富,还是以后向您请教吧。"小李一张口就能讲出好几个不上台的理由,思路非常活跃,反应也够迅速,可遗憾的是缺少了上台的勇气。

做害怕做的事情,害怕就会消失! 勇敢抓住上台的机会,带着恐惧前行,那才叫有勇气!

我小孩在读三年级时,参加了《新民晚报》组织的小记者班。有一次我陪他一起去参观上海的苏州河博物馆,听老师讲苏州河的历史及其治理过程。老师在介绍完苏州河治理的情况后,让同学们上台分享自己的感受,大家鸦雀无声,都不愿意第一个上台。

这时候,我鼓励他要积极上台,不要错过这个锻炼自己的好机会。他静默了一会儿,纠结又勇敢地站了起来,上台做了一段分享。虽然说得不是非常流畅,但这是在不熟悉的小伙伴面前发言,是他一次勇敢的突破。他的发言,不仅赢得了在场小伙伴的掌声,获得了老师的表扬,更给了他莫大的信心。我在后来多次鼓励他时也常提到这件事。

生命中的一次重要突破,每当回想起来,又会赋能于我们,让我们继续鼓足勇气去实现新的突破!

本单元打卡练习

> 挖掘你在过去岁月中曾经积极主动发言的场景,并用文字或语音记录下来,让这件事为你积极走上台呐喊助威。

2.3 送"特产"心态

我的话语就是我的"特产",我的演讲就是我送来的"特产"。

特产,没有高低贵贱之分,你的话语,就是你的"特产",你的专长,也是你的"特产"。我老家在陕西省岐山县,我们岐山比较有名的小吃是岐山臊子面。如果我请你吃岐山臊子面,你肯定不好意思说"这个不如阳春面、奥灶面好吃",因为请你吃臊子面,这带有我浓浓的家乡情谊在其中,一般请关系要好的朋友才会这样。

同样,当你精心准备,给听众呈现你的演讲"特产"时,内心一定是淡定的、踏实的、充满热情和利他之心的,紧张感自然就飘散了。这时候你的焦点和专注力就从关注自身的恐惧和焦虑转移到听众身上,你会去思考你演讲内容和结构,你会去思考听众聆听的兴趣点等。

人类沟通的一项神秘法则是:当你给予的时候,你会变得更有趣更自信,恐惧感也就消失了。要突破紧张,需要转换观念,今天你给大家送什么演讲"特产"呢?

2.4 用力过猛易讲砸

拿盆子接水时,水龙头如果一下子开得太大,不仅水花溅得到处都是,而且盆子里也留不下多少水;水龙头流量控制在适度大小,才是又好又快的做法。演讲用力过猛,犹如水龙头开得太大一样,自己费心费力,效果还不尽如人意。

书法大家在挥毫泼墨的时候,那些经典

作品，往往是在放松的状态下一气呵成书写的，不能是用足力气、扎好马步、攥紧笔杆，那样写出来的必然是有失水准的。如果太过于认真，把全部精力都集中在某件事情上，反而会引起焦虑，胡思乱想这件事没完成、没做好所造成的后果，这样很容易把事情搞砸。

　　心理学中有一个耶基斯-多德森定律，意思是这样：动机强度和工作效率之间的关系不是一种线性关系，而是倒U形曲线关系，中等强度的动机最有利于任务的完成。也就是说，动机强度处于中等水平时，工作效率最高，一旦动机强度超过了这个水平，对行为反而会产生一定的阻碍作用。如学习的动机太强，急于求成，会产生焦虑和紧张，干扰记忆和思维活动的顺利进行，使效率降低。演讲表现与紧张程度的关系与此相似。

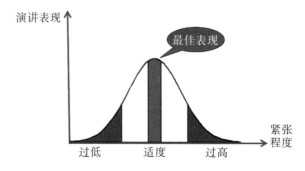

　　演讲用力过猛的表现之一就是容易把演讲做得像朗诵。你可以脑补一下这句话"啊，这是多么有趣啊"，如果在演讲中用了朗诵的语调来说这句话，是不是感觉特别有违和感？这句话用在演讲中，需要像拉家常地说"哈哈，真是有趣"。

　　演讲用力过猛的表现之二就是素材堆积。为了支撑某一个观点准备了好几个同类素材，给人的感受就是"水平不够、素材来凑"。在魔力演讲课程第一期开班时，我就踩了这个"雷"，虽然当时已经从事职业培训七年了，但魔力演讲课程是新开发的课程，也属于"首演"，而且第一期报名的学员大多是职业培训师，因此我就把PPT讲义给自己打印了一份，在上面密密麻麻做了很多标注和案例提示，用数量的充沛来填补内心的焦虑。结果内容是有了，但因为素材太多，导致两个问题：讲授速度慢、讲授比例高，效果适得其反。事后我对自己不理想的表现耿耿于怀。

　　演讲用力过猛的表现之三就是太过投入，不够自然。2012年9月，南京一位培训机构的朋友，邀请我面向他的客户做一场课程说明会，当时是在一个高星级酒店里，我知道邀请客户办次活动费用不菲，讲的时候非常投入，暖场活动都没怎么做就进入慷慨激昂的演讲了。一般听众在彼此不熟悉的状态下打开自己很难,加上对我也不熟悉,我意气风发的演讲,居然和听众之间产生了距离,我提问时听众互动很不积极,似乎讲台和他们之间有着一堵无形的墙。这场演讲确实不够成功。事后,机构的朋友给我的反馈就是"用力过猛",让我尴尬和唏嘘了好久。

本单元打卡练习

请回顾你以往的演讲中曾经"用力过猛"的场景。下次上台演讲,你要做哪些方面的突破和提升?

【用力过猛,小故事的深回忆】

2003年6月,作为太保公司总部业务检查小组成员之一,我因为积极主动又年轻,在检查组中除了负责客户服务质量检查外,还要做好检查小组一行7人的行程安排和后勤事务。

笔记本电脑当年是稀罕物件,只有常出差的审计部的两位同事配有笔记本电脑,我和其他几位同事靠U盘行走天涯。每天做好访谈和数据分析、开完会议之后,我得在分公司找一个台式电脑,把报告写出来,再拷到U盘里。因为我打字快、写文案积极,连业务检查报告的汇总、排版等,检查组组长也安排我来做了。

从6月初到8月初,两个月时间,我去了7家分公司,了解市场动态、规范经营行为,也学习基层业务实务。2003年是中国车险费率市场化改革的第一年,也是我从航空公司跳槽到保险公司的第一年。两个月的业务检查后,我向领导做的汇报让我一想起就汗颜,现在想起来依然感觉尴尬在飞。

汇报是在浙江分公司进行的。因为离上海总公司较近,总公司很多部门负责人来杭州参加这次会议。会场位于浙江分公司庆春路办公楼大会议室,座无虚席,与会人员都是中高层管理者。

检查小组成员分各业务条线进行检查结果反馈和汇报,别人讲的时候,我基本没听,因为第一次面对这么多中高层管理者汇报,我一直在脑海中构思着自己的汇报内容,全然没有想需要哪些演讲技巧,只是一页页地看着自己要汇报的PPT,上面布满了表格和文字。

轮到我了,我坐到演示汇报材料的那台电脑跟前,甚至目光都没和全场的人员打招呼就开始了我"滔滔不绝、认认真真"的演讲,从业务检查方案、工作时间安排、抽样数据分析、访谈信息汇总、市场趋势预测等角度,"密集又翔实"地做着"演讲"。我从小说话语速偏快,在紧张又自我加压的情况下,语速更快,如机关枪一般地把话语"喷"完,回到自己的座位上。

我讲完后,会场里出现了短暂的寂静和压抑,很多人听得很茫然、很疑惑……我原本想在公司中高层管理者面前做一次"精彩绽放",被我努力地、认真地、敬业地搞砸了。会后,我问了几位关系要好的同事,想听听他们对我发言的反馈,他们委婉地告诉我"信息太多了"。

当我四十多岁时,再次回首这件事,一个词总是萦绕在我的心头,那就是"巧实力"——以小克大力。无论是劈砖、写方案、做市场,还是上台演讲,不能用蛮力,要有巧劲、寸劲,"巧劲"就是"技巧"。

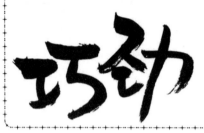

2.5 适度紧张,做最好的自己

我们说上台演讲要突破紧张,那是不是一点都不紧张就能发挥得很好?答案是否定的。紧张的反义词有多个,如松懈、轻松等,松懈的状态一般情况下不会有优秀的表现,所以突破紧张不是不紧张,而是要保持"良性紧张"。正是因为有点小小紧张,演讲者的思维才更敏锐一些,表达才更流畅一些,发挥得才更好一些。

一点都不紧张,出品的精湛度往往不够,投入的认真度不够。演讲者要适度紧张,又不能让听众看出紧张,因此需要表现出一种"外松内紧"的自如状态。当然这种状态不是看看文字就能把握到位的,要在一次次上台之后,努力去寻找这种感觉。

有的管理者讲起话来洋洋洒洒,一点都不紧张,但讲话的质量往往值得商权。演讲前适度的紧张会促动自己做进一步的准备,继而在每一次演讲中不断得到提升。记得在某券商总部讲课时,有几位内训师,授课水平中等。我问他们每次讲授同样内容,讲法是否基本固化,他们说每次讲同一内容,讲法基本都不一样。我又问每次讲授前是否感觉紧张,他们也都说不紧张。

每次讲同一内容的讲法没相对固化,就不能做到"多一分则太多,少一分则太少",而每次上台一点都不紧张,那多少有点缺乏对当众讲话的敬畏,随意感较强,这必然会导致演讲品质提升难,我估计这种不紧张也是授课技巧多年来提升不明显的原因之一。

紧张对人的情绪调动、思考调动就犹如一张弓,紧张过度,弓容易绷断,一点都不紧张,松松垮垮没张力。适度的紧张,才能做最好的自己。

在下次上台讲话前,调整自己的状态,体会"适度紧张"的感觉,做到既不轻视,又不过分重视,在适度的紧张下,做最好的自己。

2.6 梦想驱走彷徨

美国励志电影《当幸福来敲门》是根据真实故事改编的。主人公克里斯(威尔·史密斯扮演)为改变命运去应聘证券经纪人的工作。面试当天,有突发情况,克里斯不得不穿着粉刷工的衣服来到面试现场,但只读过高中的他决心极大,而且表现得极有信心。这种信心来自哪里呢?无外乎就是来自他的梦想——对幸福生活的追求,让自己活得体面的驱动力。

在台上也一样,当你紧张时,要想到梦想与你同在,平时的精心准备在这一刻绽放,你的梦想力量会支撑你、鼓励你!

我读初中时,家里种了大蒜,秋收后把大蒜编成辫子,母亲让我拿到街上去卖。当时我在镇上的西街初级中学读书,很不乐意去卖大蒜,因为见到同学很不好意思。不过一想到念书要有开销,自己基本只能靠读书跳出农门,这些思考和梦想慢慢地消除了我卖大蒜的尴尬。我也在想:为什么那些走街串巷卖凉粉、卖豆腐的人,异常热情且看不出半点尴尬,主要是因为生计使然。叫卖的背后是他一家人的生计所在,哪有什么不好意思,哪有什么尴尬存在的空间?梦想驱走彷徨!

作为职业培训师,做好每一场演讲是职责所在、使命所在,是个人和家庭支出的经济来源,也是为了提升个人影响力,为了提高客户对课程的重复采购率,

不应该因为紧张而退缩。作为企业家、管理者,演讲的目的是提高下属的凝聚力、决策力、执行力,不应该因为紧张而退缩;作为业务骨干,公众表达是为了更好地做好内部沟通,并打开职业成长通道,不应该因为紧张而退缩。

当你上台紧张时,请想一想:我的梦想就是"让自己得到成长",而在压力下成长是达成梦想的最佳路径!

请写出你的职业梦想,并思考提升演讲能力对你的职业梦想实现的价值和意义。

2.7 谁都是从"菜鸟"走过来的

演讲紧张时,积极的自我暗示也是消除紧张的有效方式,如提醒自己"谁都是从'菜鸟'走过来的""讲砸了天也塌不了"等。

看看演艺圈就是这样,我们所看到的很多老戏骨,都是从"小鲜肉"一步步走过来的,当年的表现大多都很稚嫩,但没有稚嫩哪来老练,稚嫩是每个优秀人才成长的必经阶段。

要是没点自我安慰的本事
还真活不到现在

再说了，我们自己也未曾嘲笑过台上演讲水平一般的人，讲得不好大不了不听不看、换频道、翻过这一页而已，绝大多数人不会把时间、精力花在对别人的评头论足上。

也许你学习演讲时已经过了而立或不惑之年，有啥关系呢？你"演讲学龄"小啊，就像有的中老年人学舞蹈、学书法，虽然不能和专业水准相比，但我们一定钦佩他们的好学精神和积极心态。所以，当你的"演讲学龄"尚小时，不要为上台表现不好而自卑和胆怯，谁都是从"菜鸟"走过来的！

虽然大家上台都会紧张，但是我们发现有天赋的人可以自如地驾驭公众讲话。与有天赋的人同行、做朋友，在饭局上、演讲场合观察他的行为：他的开场语气是怎么控制的？他的目光是如何扫视听众的？他的表情动作是如何展现的？他是如何与听众互动的？他的"包袱"是怎么抖出来的？他的笑点是如何铺垫的？……如果是我，我该怎样去呈现？他这样准备就能在台上游刃有余、自由绽放，那我应该也可以，做得大不了差一点嘛！

2.8 "自来熟"暖场

之所以上台紧张，与一下子见到很多陌生人有关系，试想一下听众都是平时接触较多、很熟悉的人，那紧张感必然降低很多。

所以，演讲者调适压力的方式之一就是让自己成为"自来熟"，没有那么多烦琐的礼节和顾虑，给人留下性格开朗、热情随和的印象，可以轻松自如地和别人打交道。例如，演讲开始前半小时到场、和部分听众交流等。演讲者对于听众而言或多或少都有些神秘感，听众一般较少主动过来交流，演讲者要主动走到听众中去，关切地询问，了解其工作单位、工作岗位、听演讲的目的及可能用到的演讲的场景等。

2.9 知晓焦点效应，演讲大方自信

心理学中有个效应叫作焦点效应，它告诉我们：人很容易会高估周围人对自己外表和行为的关注度，而实际上在别人眼中你并没有那么重要，你所谓的瑕疵或细节对方可能根本就没关注到。

例如，看合影时，每个人都能在第一时间找到自己，并且会很在意自己在照片里的形象；在与亲朋好友聊天时，几乎所有人都会有意无意、自然而然地把话题转移到自己身上；在社交场合，几乎所有人都会想方设法博取别人的关注，甚至想成为全场的焦点。其实，很多时候，我们并没有自己以为的那么重要，我们也并不是必不可少的人物。

例如，在演讲时，对方眼中的你并没有你自认为的那么紧张，所以即使当众出丑也不要怕，因为大多数人都更关注自己，没把那么多心思放在你的身上。你要积极地自我对话：没人知道我紧张，只要我的腿抖得不是太厉害，谁知道我紧张呢？即便我的腿抖得很厉害，可是我往桌前一站，桌子一挡，谁知道我紧张呢？

别把自己看得太重要，更不要认为凡事有自己才行，无自己就不成，那样只会让自己活得很累，而且会带来很多烦恼。这个世界上，每个人都有其自身的价值。我们所做的就是摆正自己的位置，正确地认识自我，不娇柔、不造作，保持适当的低姿态。这绝不是懦弱和畏缩，而是一种聪明的处世之道，是人生的大智慧和大境界。

我曾经听一位魔力演讲学员分享她在大学里做晚会主持的场景。大学四年，她是学生会工作最突出、形象最靓丽的学生干部之一，口才也很好。大学毕业典礼晚会，她当仁不让就是主持人之一。她和那位男主持人一起排练了很久，信心满满地想在晚会上精彩绽放，可是在关键时刻，突如其来的变化让她不知所措：音乐响起，大幕拉起，她和男主持人一同走上台的瞬间，她的高跟鞋鞋跟掉了！她惊慌失措，不得已，只能光脚上台做主持，自己觉得尴尬无比、羞愧难当，整个晚会她都忐忑不安，这点"小事"让她整个晚上心情都很压抑和沮丧。

晚会结束后，她回到寝室，郁闷地告诉参加晚会的室友："唉，今天真是太丢人了，当时有个地缝，我都想钻进去。"大家听得一脸茫然，后来一问，原来大家对她掉鞋跟的事情完全没有觉察到，是她自己杞人忧天。有时候，我们放大了自己的不足，就会造成不必要的紧张。知晓焦点效应，演讲大方自信！

2.10 做手卡，有必要

即便是演讲高手，也架不住要记大量信息；即便是花了很多时间去背演讲稿，等到真正展现时，不再是演讲，而变成了背诵或朗诵。为防止上场忘词，做手卡就是非常有效的方式之一，很多主持人也用这种方式，显得大方、得体。

每一期魔力演讲线下课程结束后，我们要求学员在同学会群里做一场不少于十分钟的线上演讲，当然演讲的要求之一就是不能念稿，建议使用手卡。但每一期的学员演讲分享中，总有几位伙伴展现出来的是朗读腔，听起来语言非常精湛，但一个不恰当的停顿、一个不自然的语调就能暴露出照本宣科朗读的痕迹。

演讲和朗读最大的区别就是表达的自然感、真实感、现场感不同，朗读有时候听起来似乎无可挑剔，但少了自然感，让演讲没了生机，少了灵魂。

手卡的大小以明信片大小为宜，用 A4 纸对折再对折就可以（也即 A6 大小）。考究一点的话，电商网站上有很多印制精美的手卡。手卡上只能写关键词或提示语，最糟糕的方式是企图把自己要说的每一句话都写在手卡上，这样你就离不开它了，这方面我有非常痛的领悟。

在太保公司总部负责服务运营管理期间，我经常需要去分支机构出差，总公司有要求：到分公司不要仅仅做检查，必要时还可以做场培训，以会代训。有一次去海南分公司出差，分公司特别重视，在一个周末安排了全员参加的培训，有一百多人。我第一次面对这么多人做演讲，压力很大，所以前一天晚上在酒店里熬夜到很晚，把第二天讲的每个字都密密麻麻地写在 A4 纸上，厚厚一摞，直到凌晨三点多才惴惴不安地躺下，我心里这么想：我都这么努力了，如果再讲不好，那也无怨无悔了。

第二天到了现场之后，剩下一刻钟要开场了，我突然间发现：糟糕，讲稿忘带了！忘在酒店里了，回去取已经来不及了！实在没办法，只好硬着头皮上。当主持人介绍之后，我一上场真的是大脑一片空白，我连开场白的第一句话怎么说都忘记了，想了很久才想出来。就那样站在那里，我满脸通红、满头大汗，一阵尴尬之后，我转身盯着 PPT，开始了念稿式演讲，可想而知，那次培训效果很不理想。

但从那次之后,我明白了这个刻骨铭心的道理,就是千万不要把要讲的每个字都写在手卡上,这样你就离不开它了,你被约束住了,你讲话变得不自然了。手卡上只能写关键词,就像我刚才讲的这一段,一旦忘词,拿起手卡看一下,上面就写了4个字"太保海南",我一看就知道该讲这件事了。

上台前做手卡是有必要的,手卡是"备胎",可以备而不用,但要做准备,做手卡的过程本身也是很好的记忆过程。手卡一般只写关键词,用手卡要做到"看时不讲,讲时不看"。

2.11 你的美,美在独一无二

当我们看到别人的出色表现时,总会不由自主地对比自己。可是,不要忘记英国爵士、维珍集团创始人理查德·布兰森的话语:永远不要把与众不同看成一种缺陷,与众不同是你的财富,它将帮你走向成功。

就如同歌手的特点一样:张宇的声音沙哑又充满磁性,腾格尔的歌声洒脱,张学友的歌声清晰、柔和、不刺耳。每位演讲者也都有自己的风格,没必要照搬照抄别人的风格,独一无二就是美,在台上紧张时,用这样的想法让心情平复下来。

【做自己,弥足珍贵】

> 这是个"比比皆输"的时代,即便你不想和别人比,只要身处社会坐标系,你就不可避免被人比,我自己有时也会去和别人比。这种攀比,比了之后八成会输。
>
> 为什么不少人好攀比呢?这得从小时候说起,小时候小朋友们一起玩时,就开始相互比了。"你家今天吃的什么饭?""我家吃的油泼面",有的小伙伴抢着说,没想到边上那位不甘示弱,来了句"我家吃的臊子面",这是顶配!这话一说完,刚才说油泼面的那位小朋友马上偃旗息鼓,臊子面成功KO(完胜)油泼面。
>
> 到了初中时,这种比更是有增无减,不过形式有所不同。每到期中、期末考试结束,教导处的墙上会贴出全校各年级的红白榜——"前50名"和"后30名"。我印象很深的是前50名是用毛笔写在红帖子上的,而那"后30名"呢,是用毛笔写在大白纸上的。红榜很喜气,洋溢着表扬和自豪;白榜很晃眼,渗透着训斥和批评。红白榜边上还写着两行醒目的大字:看看别人,想想自己。

到了发榜的日子,一下课,同学们齐刷刷涌过来看榜,场景和鲁迅小说《药》里写的镜头简直一模一样:颈项都伸得很长,仿佛许多鸭,被无形的手捏住了的,向上提着。

有人看着看着就悄悄溜走了,估计这老兄没上红榜,脸上露出淡淡的别人不易觉察的失落;有人看了好久也不肯走,为之四顾,为之踌躇满志,一看这哥们儿肯定上红榜了,而且名次很靠前;有人压根不去看,因为知道自己铁定上了白榜。红白榜,成了懵懂少年之间交流的一堵无形墙,压得人心里慌。

岁月如白驹过隙,三十多年过去了,时代早已改变,当年的懵懂少年已经成了今天的油腻大叔,可我发现这社会,"比"的气氛依然不减。没有了红白榜,但有了朋友圈,心态不好的话,觉得朋友圈那更是全天候、多角度、立体化的"比"。

比如:

看别人家公司年会,场面宏大,灯光震撼,奖品多多,咦,他们单位怎么就那么有钱?

看别人旅游度假,张张照片能参加环球摄影大赛,咦,他怎么那么有闲还有钱呢?

看别人连发自拍,各种"凹造型",各种表情包,各种撒娇卖萌,各种刚烈豪放,咦,他怎么就那么上镜呢?

攀比中充斥着戾气,因为攀比,心态经常在自卑和自大之间徘徊,让幸福感也忽明忽暗。如何淡定前行、热爱工作、高能生活,我给您分享我的心灵处方,三个字:做自己!

如何"做自己",有以下三个要素。

1)"做自己"的第一个要素:定自己的目标

人各有志,目标各有不同,正所谓"甲之蜜糖,乙之砒霜",目标不要照搬照抄,木匠的目标不是成为铁匠,铁匠的目标不是成为司机。

看别人目标要淡定。比如,作为一名培训师,看别人做生意赚了大钱,淡定;看别人创业风生水起,淡定;看别人做研究摘得桂冠,淡定!

告诫自己,那都是别人的目标,他是苹果我是梨,我有我的精彩,我有我的期待!

2)"做自己"的第二个要素:用自己的风格

有句老话"好走东的不走西,好吃萝卜的不吃梨,好听相声的不听戏,好踢球的不下棋",说来说去,做自己。

我曾经为自己的风格所迷失,现在又找回了自己。我不想老气横秋,不想随波逐流,不想没有特点,不想拾人牙慧,不想仰人鼻息,不想轻浮随意,不想平淡无趣,那咋办?唯有做自己,用自己的风格!

即便我们在很多方面没有天赋异禀,但在有的方面我们有独特优势。风格没有统一,接纳和欣赏有个性的自己。

德国队前主教练勒夫,带领德国队获得了2014年世界杯冠军!咱不说足球,说他的发型,你看勒夫这发型,仔细看,看出什么发型来了吗?

对,就是没有发型,自然、随意又不张扬,没有翘发没有毛刺,很平滑。但就这发型,被不少人调侃:勒夫几十年没找到自己合适的发型。咦!这发型不就是"勒夫式发型"吗?这么独一无二的发型居然没被发现。

你就是一种风格!为何百毒不侵,因为坚信自己!人生苦短,三万多天,为自己点赞!当然,"用自己的风格"是指用自己想要的风格,并不意味着自己一成不变。

老东家太保公司同事聚会时,老领导谢总也说我是变化最大的一个,做的工作和当年差异很大,而且坚持做下来了。老领导的话语很鼓励我,因为我一直在做新的自己。禀性是可以移的,只是比较难而已。但突破难题有工具,接下来我讲讲"做自己"的第三个要素:让自己积极。

3)"做自己"的第三个要素:让自己积极

刚踏入培训行业时,经验单薄人脉少,打开局面难度大,但有啥关系呢?咱积极啊!

对某行业不擅长,有课要讲,有啥关系呢?咱积极啊!

培训地点又偏又远,去一趟翻山越岭、车马劳顿,有啥关系呢?咱积极啊!

这些年职业的破局与持续发展,"积极"这两个字都如影相伴。

这张截屏是 2019 年 12 月 31 日上完课后,一家合作十年的培训机构给我的反馈,尤其第一条"配合度极高",不就是说"积极"吗?当有人还在质疑过去的我，殊不知我早已积极地做了新我。

积极有多种应用款式，效果都很不错：自己工作积极，配合合作伙伴积极，锻炼身体积极，参加饭局积极，等等。

如果说"机遇总是给有准备的人"，那积极就是人和机遇的黏合剂。积极是披荆斩棘的神器，是人生的万能钥匙。让自己积极！

"做自己"的三要素：定自己的目标、用自己的风格、让自己积极。愿新的你不断迭代旧的你，让你成为更优秀的自己！

2.12　你若深入思考，上台就应自信

社会分工精细，人人自有专长，他人在某方面做得出彩，我们为其点赞，同理，你在某方面有思考有钻研，别人也会为你点赞。就我自己而言，在某段时间对某个问题的思考，换个时间节点来看，自己也会为当时的思考点赞。所以，当你对演讲的话题深入思考过后，就应自信走上台，相信付出的时间总能为自己加分。

在某次演讲主题的公开课上，绝大多数学员为职业培训师，这也就是常说的同行来听课。当提及演讲中"讲"与"演"的关系时，有位学员说"讲"和"演"是完全融合关系，老师没必要割裂开来讲。我认为他讲得有一定道理，不过我在备课时早就思考过，对这样的现场感"小怼"我有充分的心理和内容准备，我拔高地讲了一句"讲是演讲的基础，演是讲的修饰，既要底子好，也得有修饰才行，和女孩子化妆非常非常相似"，引得全场掌声。

"精心准备—观点深刻—赢得掌声—更加自信"，遵循这个递进关系，你若

精心准备,上场就应自信。

> **本单元打卡练习**
>
> 在工作中常会碰到这样的情况:为解决一个问题,罗列若干举措出来,先做哪些后做哪些,有必要进行排序。有的举措属于"高价值-高难度"的,有的举措属于"低价值-低难度"的,如何按优先级排序?
>
> 如要上台阐述针对这个问题的见解,请结合你的深度思考,更淡定、更从容、更自信地表达。

2.13 增强自信的三个方法

1)积极的自我暗示

自我暗示可以默不作声地进行,也可以大声说出来。坚持有效的自我暗示练习,就能让自己内心逐步自信起来。比如,可以告诉自己:

在我所从事的某个细分领域中,我是一流的!

我有足够的时间、能力和智慧,来实现自己的目标!

这次演讲,我一定能做得非常出色!

一般来说,肯定词越简短就越有效。肯定词要能表达出强烈的情感,并给人强烈的印象,比如"我是最棒的"。每一天出门时,可以对着镜子微笑一下,告诉自己:"我很棒,加油!"总有一天,精神的力量会让你惊叹!

我也看到朋友圈里有的人经常发一些能量满满的励志图片或文字,我想不管别人怎么评价,发帖人当天的心情一定是热情洋溢的,是舒畅和能量满满的,这种自我暗示持续地进行,情绪管理能力就得到了提高,内心会更强大一些,抗挫折抗打击能力也会更强一些。

2）主动打招呼

社交中有一个概念叫"居家优势"，意思是说在自己"家里"每个人都享有主动权。在交往中，我们应该充分利用这种效应，主动和别人打招呼，主动帮助别人，主动和别人交往，就好像自己是主人一样。主动者往往心理准备更充分，更能掌握社交主动权。

即使你觉得害怕，也要鼓足勇气做"先打招呼的人"，越是见人不打招呼的人，越显得不够大气。

3）练习正视别人

在社交中，一个人的眼神可以透露出很多信息。如果你不敢正视某人，他可能怀疑你有点太低调，或者做了什么对不起他的，而一旦躲避别人的眼神成了习惯，你就会感到更加自卑，更加不如别人。正视别人则等于告诉他：我很诚实，而且坦荡光明，并且不怯场。

泰戈尔说过："一旦学会了眼睛的语言，表情的变化将是无穷无尽的。"美国作家爱默生对眼睛的评价是："当眼睛说的这样，舌头说的那样时，有经验的人会更相信前者。"

所以，让你的眼睛为你的社交加分，为演讲加分。正视别人的目光，这不但能给你信心，也能赢得别人的信任。

本单元打卡练习

请身边的伙伴用你的手机为你拍照：

第一张，请你随意地看着镜头。

第二张，摆与第一张同样的姿势，但目光如炬、内心自信地看着镜头，并想象你眼睛放光、内心充满正能量。

对比两张照片，感受热情洋溢、内心丰盈、目光如炬的力量！记住这种感觉，并在演讲中经常用富含这种能量的方式注视听众。

2.14 演讲的定位与轴线

构思一场演讲，不是从演讲如何开场、第一句怎么说开始思考，而是先找准演讲的定位与轴线。这就好比盖房子，不能一开始就打地基，而应该做设计，尤其是架构设计。如果定位不妥当，即便演讲很精彩，那依然是走偏了，就如同穿了一件非常昂贵、靓丽的运动服去参加婚礼一样。

2017年7月1日,著名作家刘震云在北京大学国家发展研究院2017届毕业典礼上的演讲,其定位和轴线可圈可点,很值得学习。刘震云是1978年河南省高考文科状元,1982年毕业于北京大学中文系。作为学长,他给学弟学妹们的毕业典礼演讲,定位既不能高高在上,以成功人士、社会精英的姿态来讲,也不能仅是大学生活的追忆,光打"感情牌"。同时,学校请他来毕业典礼上做演讲,也希望给即将毕业的学生些寄语。

刘震云的这场演讲时长是25分钟,演讲风趣幽默、生动又深刻,其轴线可以分为以下三个部分:第一,生动的回忆;第二,升华的启迪;第三,深刻的寄语。这样的定位和轴线非常恰当。

第一部分用北大学生食堂生动有趣的细节故事,拉进了与相隔三十多年的校友间的距离,而且为后续内容做了很好的暖场。演讲中笑点设计密度很高,听众听得饶有兴趣。人们更容易记住充满情感的事件,更容易记住愉快的情绪。

第二部分话题升华,通过他与北大旅法校友之间的故事,提出"毕业以后是从一所大学到达了另一所大学,从一本书到另外一本书",金句频出。

第三部分继续用讲故事的方式,向学弟学妹们发出亲切又深刻的寄语:做人要学刘麻子。刘麻子是他的舅舅,一个木匠。刘震云用故事展现了刘麻子身上的三大亮点:始终如一的坚持,发自内心的喜欢,处处留心的进步。

刘震云演讲三部分的构成和总体定位,非常恰当,堪称典范。

【荔枝哥听刘震云老师】

> 天使评:
> 1. 直击人心的观点
> ⊙ 你和母校的关系,不是你在母校的时候,而是你离开母校后,想起的关联。
> ⊙ 毕业以后是从一所大学到达了另一所大学,从一本书到另外一本书。
> ⊙ 知识分子的眼睛应该像探照灯一样,照亮未来。
> ⊙ 做人要学刘麻子:始终如一的坚持,发自内心的喜欢,处处留心的进步。

> 2.令人回味的笑点
> ⊙开场笑点,锅塌豆腐的一波三折,饺子就拉菲,吃饺子的尾声呼应。
> 3.共情的角色和重要的瞬间
> ⊙人们更容易记住充满情感的事件,更容易记住愉快的情绪。
>
> **魔鬼评:**
> ⊙外祖母的故事与刘麻子的故事内容重叠较多,有冗余感;
> ⊙与旅法校友的故事笔墨过重;
> ⊙对刘麻子的行为概括不清晰;
> ⊙整场演讲缺乏感召激情的制高点。

复旦大学"哲学王子"王德峰教授在复旦大学2007届研究生毕业典礼上的讲话,其定位也非常精准、到位。王德峰教授作为老师,给即将毕业的研究生做演讲,那总体定位就是送上寄语和祝福。

王教授从三个方面给毕业生送上寄语。

1)不要急于求成

在市场经济全球化的时代,资本的逻辑,造成了一种进步强制,把每一个人都置入了不断竞比的轨道。但是我们既然是从一所拥有深厚的精神传统的大学毕业的学生,我们总还能对于这种外在的进步强制建立起一种比较自由的关系。

2)不要害怕平凡

每一个复旦毕业生都志存高远、追求卓越,但是我们的志向并非直接地就指向物质财富的拥有或较高职位的获取,我们所追求的卓越也不是某种外在的辉煌。我们养成的才、学、识、德乃是思想的视野和心灵的力量。我们可能没有成为社会的精英,但我们应当成为民族的脊梁。真正的伟大属于心灵。在财富、地位与信念这三者中间,真正难得的,也是真正重要的,是信念。唯有信念,才始终给我们以内心的充实和对人生之沉浮的超然态度。比较好的人生,是建立在信念的基础上的人生,在这样的人生中,我们不以物喜,不以己悲。

3)要敢于创造

创造是我们这个民族在今天最为需要的品质之一。我们处在一个充满挑战和机遇的时代,但也处在一个充满困难的时代,最大的困难来自传统价值的解体和新价值的暂付阙如。

"不急于求成—不要害怕平凡—要敢于创造",王教授这样的演讲定位和轴线,无疑是非常精准而又有张力的,我相信很多复旦毕业生在走上社会多年后再读这段演讲,更能领会其深刻而博大的内涵。

在魔力演讲学员分享中,有位企业家学员分享了自己的创业历程,用了"踏入职场—创业挫折—人生飞扬"的轴线,分别用三个故事进行阐述,轴线清晰,递进式升华!

如果说演讲是盖房子,那"精准的演讲定位、清晰的轴线选择"就相当于架构和造型设计,音乐厅得有音乐厅的特色,写字楼得有写字楼的风格,天文台得有天文台的功用。选择好了演讲风格,可以避免犯"方向性错误";选择好了演讲风格,后续的精雕细刻才有着力点。

假如你的挚友将举行婚礼,作为重要嘉宾,你受邀在婚礼上做2~3分钟的讲话,请设计你演讲的定位和轴线。

2.15 不要把不习惯理解为不合适

经常有培训机构要求我提供授课或演讲短视频,这主要是发给潜在客户看,而我手头的短视频,大多也都是助教在演讲、培训现场用手机拍摄的,清晰度、亮度、角度等都不是非常理想,所以我就下决心到专业影棚去拍摄一次。

按理说我也算培训、演讲的"老司机"了,可是在影棚拍摄时因为没有麦克风,我感觉很不自在、很不习惯,甚至觉得少了麦克风,我对音量、语速的把握都受影响了。

后来在与倪砥老师交流时,他的一句话就打开了我的心结,他说:"平时讲课用话筒,现在突然不用就不习惯,讲多了就顺了,就习惯了。"他说他在拍短视频时,一开始不用话筒也感觉很不习惯,但拍了十几段之后,感觉就很习惯了。

是这么个理儿,我们平时演讲现场有听众、有话筒,但录制、拍摄时这些都没有,环境发生了不小的变化,一开始可能会不适应,但不能因为不适应就否定这种方式,否定自己的表现。如果是浅尝辄止就自我否定,这种自我否定会带来连锁反应,让你怀疑自己的能力,怀疑自己的付出,错过一个可能的精彩出品。

有时候,我们精心准备了,但对演讲效果不满意,寻找进一步提升空间,这当然是需要的,但必要时"放自己一马"也同样需要,不要对自己要求过高,不要听一遍不习惯就轻易否定自己。

想让听众满意，先让自己满意；要让自己满意，不要自我否定；不想自我否定，多做习惯就行。

你或许会惊讶地发现，人在普通一天里所做的事情，很多都是不假思索出于习惯而做的，我们甚至不记得这些习惯是怎样养成的。例如，当我们写错一个字或这个字写得不好看时，第二遍写也很容易写成原来的样子，特别刻意地注意之后，第三遍才能写得正确、工整一些；每天扣纽扣的动作、刷牙的动作、握笔的姿势、拿筷子的动作、开门的动作等都如此相似，我们在不知不觉中建立起了几百个习惯。如果我们了解了形成习惯背后的科学原理，那么我们容易养成新习惯，或者改变原有习惯。做演讲，不要轻易否定自己，不要对自己要求过高，不要把不习惯理解为不合适，多做几遍，养成习惯，习惯成自然。

本单元打卡练习

你是否曾有过对自己演讲很不满意的时候，对自己的演讲视频无法看下去的时候？

找出一段自己曾经精心准备但效果不太满意的演讲视频。硬着头皮多看几遍，你会更加理解镜头中那个努力、尽力的自己，你就会逐步不嫌弃自己，并感受认真准备、努力绽放之美。

2.16 演讲现场的物料准备

1)环境准备

作为企业家、管理者、培训师、销售代表等，很多时候，我们的演讲并不在专业的演讲厅，演讲场地更多可能是会议室，会务人员也可能是兼职的，并不专业，那演讲者参与会场布置就很有必要。

2)窗帘

理论上,打开窗帘可以让听众感觉明亮并且心情更舒畅一些,但如果会场在一楼,打开窗帘时,室外的人员走动、车辆开过又会分散听众的注意力,分散演讲的场域张力。同时,拉开窗帘也会影响投影的显示效果。如果把遮光窗帘拉上,室内只有灯光,时间久了听众和演讲者又都会感觉压抑。

根据我多年的培训和演讲的体验,我的建议是:

(1)演讲时如果是晴天,建议拉上遮阳帘,留小部分透光,并确保没有阳光照到听众。

(2)演讲时如果是阴雨天,建议拉上纱窗就行,既明亮,又使听众不容易受室外因素影响而走神。

(3)如果在下午演讲,光线应比上午更明亮一些,因为下午听众容易犯困。

3)话筒及调音台

话筒的音量、音调、混响效果对听众来说很重要。音量太大,听众觉得震耳欲聋;音量太小,演讲者的话语穿透力不够,听众容易犯困和走神。音调偏高,听起来太刺耳;音调偏低,听起来太沉闷压抑。没有混响,语音干涩;混响太大,余音太长。这些调试虽说稍有复杂,但一般的调音台操控面板非常相似,也可以通过网络查询调音台的调试方法。我在不同企业培训,见过很普遍的调音方法是会务人员将调音台、话筒、音响打开后,拿起话筒"喂喂"两句,就测试完成了。这样音量的确放大了,但音质听起来是否舒服,还需要做细致调整。

4)投影仪或 LED 显示屏

投影仪一定要测试,最好在演讲 PPT 制作之前就要了解现场投影仪是 16∶9 还是 4∶3 规格的,确保显示正常。另外,因分辨率过高、过低等因素造成投影显示不出来的情况也时有发生,最好提前半小时到现场调试,并将演示材料用 U 盘备份,以备换其他电脑时使用。

另外,有的 LED 显示屏是从讲台底部往上的,底部没有预留一定的空间,这样会导致后排的听众看不到屏幕下方的字,需要相应调整 PPT 上文字的位置,并注意在播放视频时不要全屏播放。

5)PPT 背景色

如果演讲现场用 LED 显示屏显示,那建议用深色背景,看起来不刺眼,同时拍照时演讲者不逆光,拍出的照片人像清晰。如果用投影仪,尤其是已使用多年的投影仪,其流明度已经降低,尽量使用浅色背景,确保听众看得清晰。

6)电源线

电源线包括笔记本电脑的电源线,以及现场连接演讲台的电源线。电脑电源线,是比较容易被忘带的,尤其是上一场演讲结束之后,有听众过来交流,边收拾物品边交流时,就容易遗忘。如果还要赶飞机,那遗忘电源线的概率又增加了一些。我在这方面的糗事发生了好几次,幸亏每次遗忘后都能联系到上课的公司,由其快递给我。

有一次在上海张江药谷上课,8∶30 到现场时才发现电源线忘带了。那天是周末,已到现场的学员基本没带电脑,我太太单位正好集体外出搞团建,我只能马上联系我岳父去我家(他有钥匙),取了电源线并闪送给我。电源线在上午第一堂课下课时送到了。但这次事情之后,我对电源线就特别敏感,每次用完后用扎线带扎好,放在手提包里一个固定的插袋里才算放心。

演讲台前的电源线也是需要提前检查的,电源插座离演讲台太远,电脑电源线插起来"荡秋千",有碍行走,并容易影响演讲的正常进行。有的电源线在演讲台附近盘绕交错,影响听众视觉感受。这些都有必要在演讲开场前做检查和整理。

7)视频转接头

视频转接头规格很多,如 HDMI、VGA、Type-C 等接口。为确保演讲顺利,自备一个多功能视频转接头很有必要。另外,现在不少演讲都采用无线投屏的方式,如果你的电脑只有一个 USB 接口,那就无法同时接投屏端口和使用翻页笔,因此备着一个 USB 扩展坞也很有必要。

8)水杯

喝水润喉对演讲者来说必不可少,而现场一般要么是瓶装水,要么就是容易打翻且比较烫的茶水,建议演讲者自带水杯,在开场前调好温开水,确保随时可以饮用。用自己习惯的杯子,不仅没有陌生感,而且不容易出现诸如水倒得太满、水杯容易打翻等问题。有时候,主办方会很热情,因而在小小的演讲台上摆放了好几瓶水,再加上电脑、话筒、翻页笔、鼠标,演讲台就显得很局促,这样更容易使演讲者忙中出错。我的建议是在演讲台上尽可能少地摆放物品,不要因为演讲台上的物品吸引听众的目光。

9)翻页器

翻页器为何也要讲,是因为这个小物件对演讲顺利进行很重要。首先,翻页器不能选体积太大的,否则一手持麦克风,一手持翻页器,这时候如果要再拿一支白板笔就很不方便,选择小巧的翻页器较为合适。

翻页器有绿光和红光两种,对于一般的投影幕布,红光和绿光区别不大,但在 LED 显示屏上,较强的绿光才能显示得清楚一点。另外,最好使用带音量控制功能的翻页器,这样可以在演讲过程中自如地控制背景音乐,在没有服务人员在现场的情况下也显得从容又专业。

10)白板

白板是演讲过程中引导听众思维同步的重要工具。白板有电子的,也有金属的,还有夹纸的。使用白板有几个注意事项:

(1)摆放白板时,既不影响前面听众的视线,也尽量让后排听众能看到白板上的字。

(2)在白板上尽量用黑色或蓝色白板笔来书写,特殊标记可以用红色。

(3)白板摆放要稳,确保写字时不倾斜。

(4)板书尽量有次序,字体大小适中,写完后再翻页或擦除。

11)听众姓名牌

放置听众姓名牌有多重意义:第一,引导听众在演讲前有序落座;第二,便于同一小组或区域内听众的彼此交流;第三,方便演讲者与听众的互动交流;第四,体现对听众的重视和尊重。

听众姓名牌的摆放要整齐,把瓶装水或茶杯放在姓名牌后面,不影响演讲者的视线。姓名牌上字符要足够大,确保5米以外能看得清晰。姓名牌一般用粉红色纸张,使用黑色字体,尽量不使用红色字体。如果桌面空间较小,摆放姓名牌就显得拥挤凌乱,可以使用不干胶姓名贴,请听众自行贴到胸前,便于演讲中、茶歇中的互动交流。

如果在你公司的大会议室要做一场演讲,请参照以上的十一项准备要求,做好演讲前的物料准备。

3 别开生面的演讲开场

一部传世的歌剧,如果少了恢宏大气的序曲,也许一开始你就会昏昏欲睡;一部经典电影,如果少了令人难忘的片头曲,可能一开始观众就会"尿点"频生;同样,一场演讲如果平淡落俗地开场,演讲一开始听众就会为自己的时间叹息。

在这个审美疲劳的时代,你的演讲需要精湛开场!别开生面、别出心裁、别有韵味的序曲,才能让听众为之侧目,为之静听。一个精心设计的演讲序曲,会勾住听众,让他不忍心走神,不愿意走神,舍不得走神!这样的开场白,会激发听众活力,让现场充满正能量!

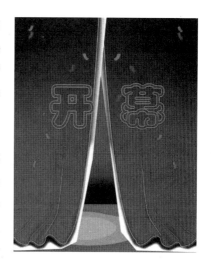

当然,开场方式也应把握好分寸,不能一味地为猎奇而哗众取宠,故作耸人之语;不能为了追求怪异而大发谬论、怪论;也不能生硬牵扯,胡乱升华。开场应结合听众心理、听众的理解层次而出奇制胜,否则,极易引起听众的反感和厌倦。

演讲开场应解决听众关心的以下几个问题:

- 你讲的主题是什么?
- 你讲的主题和听众有何关系?对听众有何价值?
- 你是谁?你为何有能力、有必要讲这个主题?

好的开场会给会场带来清新的空气,让倦怠者清醒,让清醒着振奋。正如列夫·托尔斯泰在《安娜·卡列尼娜》开篇中所说:"幸福的家庭都是相似的,不幸的家庭各有各的不幸。"精彩的开场虽形式各异,却有其相似的"神",也即"听众视角",而平淡失败的开场,各有各的失分点。

很多人可能都有这样的经历,如果演讲者是社会知名人士,无论演讲内容是什么,大家都愿意去听,因为这解决了"听众为什么要听"的问题。如果演讲者不是名人,就有必要通过别开生面的方式做开场,目的是吸引听众使其愿意听。

自我介绍并不一定是演讲一开场就要做的,不过它是演讲开场的构成要素之一。

演讲中别出心裁的自我介绍,可以获得以下收益:
- 让听众记住你。
- 营造轻松、风趣的开场氛围,拉近与听众的距离。
- 彰显大方的性格特征以及强劲的演讲实力。

每期魔力演讲课程,上午八点左右学员陆续到来,我会和他们一一交流。因为教室门口有助教接待,他给每位学员衣服上都贴了姓名贴,所以魔友的名字我一看就知道。我会走过去和他们热情地握手,说:"××,欢迎你,欢迎加入魔力演讲俱乐部。你是做什么行业的?"

之所以问行业而没有问其所在公司名称,主要是基于第一次见面的考虑。有很多魔友会说出他从事什么行业、在什么公司、负责什么业务等,我感觉他们基本具备了演讲者自来熟的特质。也有一些魔友会说他是做项目的,我听了稍有疑惑,会再问一句:"具体是什么项目呢?"对方回答"是金融方面的项目管理",这时候我已经不能再问了,否则不就好奇害死猫了吗? 的确,像这种含糊不清的自我介绍不算成功。

3.1 自我介绍的六个公式

1)名人组词式

我姓王,三横一竖王;我姓张,弓长张。这样的自我介绍你应该听过不少吧,朴素得很落俗套,没有新意,别人转眼就忘记了。还有人说,我姓余,多余的余;我叫陈意,意是意外的意。这样的自我介绍太随意。

公众场合做自我介绍,用名人组词的方式,别开生面,生动衔接,能瞬间增加熟悉感、画面感,拉近距离,并让听众不容易忘记。

例如:大家好,我叫李文萍,李是李冰冰的李,文是郑秀文的文,萍是萍水相逢的萍,李冰冰、郑秀文萍水相逢,我叫李文萍,很高兴认识大家!

例如:大家好,我叫胡正茂,胡是胡歌的胡,风华正茂的正茂,胡歌风华正茂,我叫胡正茂,很高兴与您在此相遇!

2)诗词押韵式

自我介绍用一句众人熟悉的诗句,对仗、押韵地和名字关联,有文艺气息、幽默色彩,又朗朗上口,让人印象深刻,类似相声中"定场诗"的作用。

例如,费玉清出场时的自我介绍:一寸光阴一寸金,我是小哥费玉清。紧接着白凯南的介绍也异曲同工:青出于蓝胜于蓝,我是经纪人白凯南。

例如,某房地产销售代表的自我介绍:春风十里不如你,我在老西门等你!我是老西门店客户经理乔丽!

例如,某设计师的自我介绍:念念不忘,必有回响,我是设计师李志念!希望我的分享能带给您价值,让您念念不忘!

例如,某培训师的自我介绍:腹有诗书气自华,我是培训师陈志华,很高兴与您相识!

本单元打卡练习

请借用一句大家耳熟能详的古诗、谚语、名言等,与自己姓名押韵,朗朗上口地介绍自己。

要点:诗词或谚语的含义是褒义或中性的;诗词或谚语是大多数人熟悉的;字数不能太多;读起来不拗口;诗词或谚语的尾字与姓名最后一个字押韵。

3)数字串接式

公众场合做个人履历介绍,用一组简单的数字串接,将个人履历信息包含在其中,很有新意,重点突出,简洁明了,容易被听众记住。

例如,大家好!我叫×××,我用一组数据"1325"做一下自我介绍。我在银行业有13年的从业经验;在2家银行工作过,分别是××银行、××银行;在揽存业务中,我获得过5次分行业务冠军。很高兴和大家一起交流!

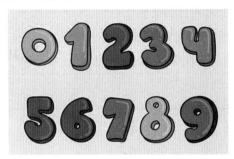

例如,大家好,我叫×××,我的职业履历可以概括成一个数字1576,我从事光电科研工作有15年时间,获得过7项技术专利,有6次被评为研究所先进工作者,非常高兴今天有机会与大家交流和探讨!

这种方式的自我介绍适合用在面试或者获奖感言中,将自己求学及职业生涯的亮点一次性展现,一下子就能打动面试官和听众,同时又不会显得夸夸其谈。

请用数字串接方法设计演讲开场前的自我介绍。

4)座右铭式

座右铭是指人们激励、警戒、提醒自己,作为行动指南的格言。在个人介绍中加上座右铭,有助于传播个人价值观,让听众更快了解你的人格魅力。

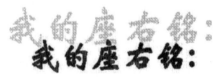

例如:"功不唐捐,所有的努力都会绕一圈回报给自己",这是我的座右铭,大家好,我是李晓东,我坚信努力必有回报,我会努力过好每一天!很高兴与大家一起交流和探讨。

例如:大家好,我是来自江苏分公司的王红霞。"成功的奥秘在于目标的坚定",这是我的座右铭,我坚定地朝着总公司级优秀管理者的目标迈进,以更高的标准要求自己,向各位领导和精英学习,也很高兴有这个机会与大家分享。

【座右铭小贴士】

- 不论成功还是失败,都是系于自己。
- 自信是成功的第一秘诀。
- 所有的努力,最终都会绕个大圈回报给自己。
- 觉得自己做得到和做不到,其实只在一念之间。
- 赢家不是那些从不失败的人,而是那些从不放弃的人。
- 每一件自己觉得值得的事都要不留余力地去做。
- 拼搏春夏秋冬,一生无怨无悔。
- 有勇气并不表示恐惧不存在,而是敢面对恐惧克服恐惧。
- 成功的奥秘在于目标的坚定。
- 很多笑容背后都是咬紧牙关的拼命努力。
- 一个不注意小事情的人,永远不会成就大事业。
- 乐观者在灾祸中看到机会,悲观者在机会中看到灾祸。
- 勤奋,是步入成功之门的通行证。
- 思想如钻子,必须集中在一点钻下去才有力量。
- 挫折其实就是迈向成功所应缴的学费。
- 成功=艰苦劳动+正确方法+少说空话。
- 愿你成为自己喜欢的样子,不抱怨,不将就,有自由,有光芒。
- 为了照亮夜空,星星才站在天空的高处。
- 光说不干,事事落空;又说又干,马到成功。
- 千淘万漉虽辛苦,吹尽狂沙始到金。
- 机会远比安稳重要,事业远比金钱重要,未来远比今天重要。
- 如果不能运气爆棚,那就努力到实力过人。
- 成功的秘诀,是养成迅速去做的习惯,要趁着潮水涨得最高的一刹那,不但没有阻力,而且能帮助你迅速地成功。
- 考验人的才能不在于他是否拿到一副好牌,而在他能打好一副坏牌。
- 我允许别人比我强,但我不允许我没有别人努力。
- 守株待兔只能得一餐饱,主动出击方能丰衣足食。
- 只要你足够好,你想要的都会来找你。
- 拧成一股绳,搏尽一份力,狠下一条心,共圆一个梦。
- 没有口水和汗水,就没有成功的泪水。

- 人若软弱就是自己最大的敌人,人若勇敢就是自己最好的朋友。
- 感谢上一秒的自己,坚持创造新的奇迹。

请用座右铭方法设计演讲开场前的自我介绍。

5)幽默自嘲式

人际交往中,在人前蒙羞、处境尴尬时,用自嘲来对付窘境,不仅能很容易找到台阶,而且会产生幽默的效果。自嘲用在自我介绍中也是很不错的方式。如,相声大师马三立的自我介绍:

我叫马三立。三立,立起来,被人打倒;立起来,又被人打倒;最后,又立了起来(但愿不要再被打倒)。我这个名字叫得不对:祸也因它,福也因它。我今年85岁,体重86斤。明年我86岁,体重85斤。

我也用过类似方法做自我介绍:

我叫周力之。力之,就是全力而为的意思,周力之,就是用尽全力而为之的意思,也简称豁出去了。所以大家也可以叫我……对,"豁出去"老师,也可以叫"豁"老师!人一旦豁出去了,就有了以前从未有过的勇气,就可以勇敢上台、挑战自我、蜕变自我。让我们一起直面上台的恐惧,用豁出去的勇气,绽放真实、精彩的自己!

2022年1月,我受邀参加上海培训圈同仁发起的一场研讨会,研讨主题是"培训方法如何与时俱进"。研讨一开始,发起人薛老师让大家逐一做一下自我介绍,我用幽默自嘲的方式做了如下介绍:"各位同仁好,我是职业培训师、咨询顾问周力之,圈内人称荔枝哥,我很13。"说完停顿了一下,大家都很诧异(13在上海话里是痴头怪脑、傻里傻气的意思)。"因为今年是我从事职业培训第十三年,"(大家听了哈哈一乐)我接着说,"十三年培训师职业生涯,积累了一些方法和经验,这既是成果,也是障碍,面对新的竞争环境和培训市场的新变化,需要在培训方法上做与时俱进的迭代,感谢薛老师的邀请,也很高兴有这个机会和大家一起交流学习!"

请用幽默自嘲方法设计演讲开场前的自我介绍。

6) 场景举例式

如何把自己的工作用一句话清晰地告知对方,让对方理解,可以"套公式",用场景举例法。

如网络推广岗,传统的介绍方法是:通过网络进行渠道开发和业务发展。这句话意思没错,但听众在理解时各有各的方向,有的人理解是通过网络进行查询、搜集准客户信息,有的人理解是投放网络广告,有的人理解是做微商。

用场景举例法,就很接地气,一目了然,理解起来无歧义:就好比你们公司出了款新产品,但知晓的人很少,你把这个信息快速发布到人流量大的地方,让更多人知晓,这一切都是在网络上实现的。也就是说快速将产品信息发布到上千个知名商贸网站及分类信息网站,提高贵公司的知晓度,快速创造销售机会,这个岗位就叫网络推广专员。

我在一家名叫华夏邓白氏的企业做过培训服务,他们公司的业务介绍也较为复杂,而且是相对小众的行业。技术性介绍是这样的:邓白氏注册®解决方案(D-U-N-S® Registered Solution),是邓白氏在全球推广的企业资信验证与展示服务,以邓白氏编码®(D-U-N-S® Number)作为企业身份识别系统的基础,赋予国际通用的动态企业身份标识,通过建立由华夏邓白氏核实的企业供应链能力档案,并对企业信息进行定期的验证、披露及推广,帮助中国本土企业在国内及国际市场实现业务拓展,与供应链上下游的合作及业务伙伴建立、稳固和保持长期健康的商业关系。企业成功申请邓白氏注册®后,可在邓白氏注册®服务国内及全球企业展示平台上进行企业信息展示,让更多意向客户及合作伙伴找到,并快速建立信任、促成交易。

以上的介绍听得有点云里雾里,如果用场景举例法则通俗、简单得多。

假如贵公司产品质量很不错,想出口到欧盟或北美,但那边合作商不了解你们,除了看到产品质量,不知道贵公司是否是重合同守信用单位,会不会有账款拖欠,能否按合同承诺执行,所以就委托我们按照一套国际规范标准去对贵公司进行审核。如符合要求,就发一个邓白氏编码给贵公司并在网站上公布。国外的合作伙伴一看贵公司有这个邓白氏编码,就知道贵公司是"靠谱青年",可以合作。简单讲:邓白氏编码就是企业在国际市场上的"通行证"。

请用场景举例方法设计演讲开场前的自我介绍,或介绍贵公司业务。

3.2 产品介绍的八个模型

把复杂的产品用简洁的语言介绍,不是要让客户立即做选择,而是激发客户兴趣,聆听后续的介绍,并留下深刻印象,做到过耳不忘。

1) 模型1:知名场景法

介绍该产品曾在某知名场景、大事件中被使用过,则可以大大提高产品的传播影响力。

某香氛产品的介绍

好莱坞颁奖礼选用香氛。

××香氛,选用夏威夷椰子蜡,100%纯手工制成。

椰子蜡沿用欧洲的高级配方精炼而成,呈稠密的奶油状,质地天然;椰子蜡熔点较低,烛泪温度低于人体体温,不会烫伤皮肤;椰子油还能起到滋润皮肤的功效。

显然,"好莱坞颁奖礼选用香氛"是这里的点睛之笔,与"明星同款"有同样效果,一下子激发了客户的兴趣,似乎自己买这款香氛就和电影明星同步,或者买这款香氛就已经在提高品位的道路上,继而去看下面的介绍:原料、工艺、色泽、好处等。

与此相似的如"2018 中国 G20 杭州峰会指定用酒""2019 环塔拉力赛指定用车"等。

我也曾经听过英国保诚保险的介绍,是这样的:"泰坦尼克的故事大家都听过吧,那艘船当年是我们公司承保的。"简短的一句话,大家听完之后一定觉得:哇!这家公司资金雄厚、历史悠久,我要投保就选择这样一家公司。

本单元打卡练习

请应用知名场景法做贵公司产品或服务介绍。

2)模型 2:知名客户法

KEY Accounts

知名客户是对产品品质和认可度的强有力背书。一般在征得该客户同意的情况下,也可以使用知名客户法进行产品介绍。

我培训服务过的一家生产包装盒的企业"斯道拉恩索",总部位于芬兰,是全球最大的包装盒生产企业。近几年,公司业务不断开拓,是苹果手机的供应商,为苹果手机生产包装盒。

那就可以这样介绍公司:我看到在座各位中有人使用的是苹果手机,苹果手机的包装盒就是我们生产的。我们是全球最大的包装盒生产企业,总部位于芬兰,有 200 多年历史了。我们叫斯道拉恩索,希望能为贵公司这样的优秀企业提供高质量的产品或服务!

商业合作特别讲究门当户对原则。它能成为苹果公司的供应商,一定是规模庞大、技术领先、供应可靠的。客户听完之后,不仅印象深刻,而且选择的意向也会增加。

> **本单元打卡练习**
>
> 请应用知名客户法做贵公司产品或服务介绍。

3)模型3:品牌类比法

泰诺健(Technogym)是意大利著名健身器材品牌,一直是高端健身器械领域的领先者。不过,很多人对健身器材品牌并不是非常熟悉,如何让社会公众或潜在客户快速熟悉这个品牌,可以用品牌类比法:泰诺健,健身器中的法拉利！类比同是意大利知名品牌的"法拉利",听众印象深刻。

在一次公开课上,有位伙伴说她来自Stokke Xplory公司,她讲完,我看大家都有点茫然,别说记住了,把这公司名字能准确念出来都不容易。这位伙伴接着补充了一句:"我们公司是生产婴儿车的,我们的产品是婴儿车中的'劳斯莱斯'。"这么一介绍,大家都不约而同地"噢"了一声。品牌类比法牛啊！接着她又介绍:"Stokke Xplory是高位座椅推车,高度可以调节。一般的婴儿推车,座椅位置比较低,容易吸进去汽车尾气,长此以往,很不利于宝宝健康。此外,高位座椅,让我们与宝宝更亲近。"

生活中,我们说某个东西是顶级的,都会说这个东西是什么行业中的"劳斯莱斯",能被这样称呼的,足以证明它是行业标杆企业。

我为企业"黄小递"做过培训服务。其公司简介是这样的:

> 黄小递是数字化新餐饮服务平台,专注于为餐饮品牌提供商铺租赁、门店运营、线上运营、数据营销、市场推广、品牌孵化、供应等一体化解决方案。黄小递以共享厨房为基础业务,利用数字化系统,整合线上线下资源,进行全面的大数据分析和运营指导,为餐饮业从业者赋能,从而帮助中小餐饮业者取得成功。

这段文字讲得细致,但也讲得抽象。如果用品牌类比法,就可以这样说:

> 黄小递就是餐饮行业的"We Work",为餐饮业提供"拎包入住"的场地和基础设施,也是餐饮运营的幕僚和智库,让新手上路不走弯路。

请应用品牌类比法做贵公司产品或服务介绍。

4) 模型4：直击痛点法

经常使用切菜板的人一定知道，用切菜板最大的苦恼就是容易发霉。某切菜板针对此痛点而设计，其产品介绍是这样的：

能通风、不长霉菌的菜板！

整块进口乌檀木制作，无拼接，无胶水，零甲醛。四脚悬空，菜板不直接接触灶台，不易发霉。菜碟放菜板下面，既节省空间，切好的菜直接扫入菜碟，超便捷。

请应用直击痛点法做贵公司产品或服务介绍。

5) 模型5：独特亮点法

正如女士挑选香水时,精致秀丽的瓶身造型也是考虑的重要因素,一般人买加湿器,不仅是买加湿器,也是买饰品,因为加湿器放在客厅的情况居多。

如某加湿器厂商的产品介绍:比花瓶还美的加湿器!

接下来是产品的详细介绍:极具辨识度的火山造型,内藏1.5升大容量水箱,可连续工作10小时。20平方米房间,工作15分钟后,相对湿度从36%上升到52%。买了这样的加湿器,不仅有物理功能,还能当花瓶用来装饰,一举两得!

某文房盒的介绍

可随身携带的文房盒!

一盒囊括笔墨纸砚等9种文房用具,由8位中国匠人耗时1年研发、打造。笔是来自××的狼毫小楷笔;墨是来自××的特质松烟墨,纸是来自××的元书纸和来自××的仿古蝉翼宣纸,砚是来自××的砚台。有了它,随时随地陈纸、研墨、润笔、写字、钤印。

本单元打卡练习

请应用独特亮点法做贵公司产品或服务介绍。

---

6) 模型6:数字罗列法

数字是客观的呈现,用数字罗列出客户最关心的性能、功能,必然会打动人心。

某净水机的产品介绍

5秒滤水的净水机。4级6层过滤体系,5秒快速过滤自来水,每一杯水都能喝得安心。10秒速热,40~100℃水温随便调。

请应用数字罗列法做贵公司产品或服务介绍。

7)模型7:"特有特别"法

就像你去商场买衣服,一般会关注款式、做工、布料、颜色、品牌、价格等因素,但还有一个指标你一定更关注,那就是——是否合身。有时候一件特别合身的衣服,其他方面也许不是最满意,但你也会执意选择,因为匹配度对你来说是最重要的,而"特有"或"特别"就满足了人们对匹配度的需求。

客户购买商品,总是希望买到最适合自己的、效用能发挥到最大的商品,"特别""专门开发"等这些词能够快速吸引客户,聚焦目标客户群,让目标客户有"找的就是你"的感觉。

如:××家具是针对采用欧式风格装修的中高端家庭而特别设计的。

如果你家正好采用欧式风格装修,且你希望装修得高端一点,那听了这句话是否会很心动呢?

如:乡村振兴贷是针对种植户、养殖户、农村小商户经营发展而特别推出的低息定向贷款产品。

我相信农户听了这句话,在纷繁复杂的贷款产品中就找到了方向,明白了选项。

8)模型8:"只要……就……"法

如果你们公司的业务很新,很多人还不了解,直接介绍往往要做很多铺垫,客户听着没兴趣,"只要……就……"法可以快速化繁为简。

如航旅纵横 App 可以介绍:只要你在任何网站上订了机票,马上会在这里显示,提醒你航班时刻及航班动态,并且建立你的飞行账户,方便各种统计和查询。

有位朋友是做汽车发动机管理系统(EMS)研发的,如果用技术语言解释汽车 EMS,那很复杂。EMS 英文是"engine management system"。EMS 的原理是通过各种传感器及电路,把发动机吸入的空气量、冷却水的水温、发动机转速与加减速等物理信息转换成电信号,送入车载控制器,控制器将这些信息与预先储存的信息比较,精确计算后输出相应的控制信号。EMS 的优势不仅可以精准控制燃油的供给量,取代了传统发动机的化油器,还可以通过控制点火提前角和急速空气流量,极大地提高发动机性能,减低发动机油耗。

这样的文案做科普可以,做介绍显然不合适,用"只要……就……"方法介绍,则很简单:只要你车上有这个EMS,它就可以根据路况和车况不同,自动给发动机发信息,提高发动机性能,降低油耗。它就是发动机的大脑,让发动机脑力活、体力活一起干。

3.3 演讲开场技巧

3.3.1 演讲开场技巧之一:设悬念

悬念、危机有助于激发听众兴趣,尤其是与听众紧密相关的危机,可以作为演讲内容展开的有效伏笔。

【演讲开场范例】

> 在座的每一位,都为公司的发展做出了巨大贡献,你们当中的很多人是公司元老,一起把公司发展壮大,并且在你们的努力下,公司已经成为行业里的佼佼者。
>
> 但是,公司发展也面临一个挑战:在接下来的七年时间里,你们当中35%的人会退休,而我们还没有储备好领导者在未来带领我们前进。这就好像一次航行,出发时有充足的补给让我们到达目的地,但是却没有充足的补给让我们回家。如果我们现在不采取行动,那么公司的未来就成败难料了。

演讲开场如销售,有效的痛点才能唤醒、激发听众的聆听欲望。制造悬念就是吊起听众胃口,悬念就相当于悬在半空的东西,所有人都在等它掉落,这也是让听众和演讲者思维同步的原因。

【演讲开场范例】

美国一位书商在一次书展中对《圣诞颂歌》的介绍词

就在八十多年前的今天,一本小书出版了。这本书后来成为旷世不朽的名著,也有很多人在当时就确定了它的不朽地位,有很多人称它为全世界最能传颂后世的一本书。该书上市时,伦敦街头人们见面都会这样问:"嗨!那本书你读了没有?"

"当然了,那作者简直是个奇才!"

这本书在出版的当天就卖出 1000 多本,之后一月又卖出 15000 多本,然后又再版了很多次,如今已有多国译本通行于世。

就在数十年前,美国大富豪摩根先生不惜巨资买下这本书的原稿,并且将它收藏于位于纽约的一幢宏伟的美术馆之内。

这本闻名全球的书到底叫什么名字?那就是狄更斯的《圣诞颂歌》。

【演讲开场范例】

电影《绿皮书》中,主人公唐·雪利在演奏前,主持人是这样介绍他的:

女士们、先生们:

今晚我们非常高兴地邀请到一位伟大的美国艺术家,他在年仅 3 岁的时候便首次登台亮相;18 岁时,他在阿瑟·菲德勒的邀请下与波士顿流行乐团合作,举办了首场音乐会;他还同时拥有心理学、声乐学和礼仪学博士学位;在过去的 14 个月里,他曾经两次前往白宫演出,他是一位真正的艺术大师。

女士们、先生们,接下来有请唐·雪利带三重奏!

造悬念、吊胃口、吸引听众,"包袱"要提前预设、精心组织,唯其如此,才能在演讲时将"包袱"抖得响亮,给听众带来惊喜。

可以通过提问的方式设计悬念,也可以通过对悬念的不断强化,来提高听众的兴趣。如以下这段演讲的导入及其内容绽放,在开场阶段就用了悬念及悬念强化的方式。

【演讲开场范例】

> 不知道大家有没有听过"集团行动"这四个字?这不是集团军作战行动,也不是企业集团面向市场的统一行动,而是学校的一项训练活动。这个项目在日本学校十分常见,利用一个队伍做出各种花样的团体变化,可以排成图案、文字或不断变化的队形,进而产生团体造型的美感。
>
> 在日本体育大学,每年都会有这种表演。集团行动这项活动从1966年就出现了,顾名思义就是要表现得像个集团一样,大家互相配合、高度一致,队伍里的所有成员必须以相同的速度前进,每一个成员都需要按规定变换步伐、线路、速度,因此这是一个需要紧密协作才能完成的动态艺术作品。
>
> 日本人讲求纪律和团队合作,这种整齐一致的花式步行表演,自然而然就成了他们引以为傲的活动项目之一。集团行动一般是8~10分钟的演出,学生们至少得准备5个月以上,光是以每周三天来训练,就会走上1350公里,相当于巴黎到罗马的距离。

假如要做一场主题为"数字化是公司市场开拓的'罗盘'"的演讲,请用设置悬念的方式做演讲开场。

3.3.2　演讲开场技巧之二:用道具

道具是直观的、具象化的,用道具做演讲开场有助于加深听众理解,并且活泼生动,避免演讲一开场的压抑与沉闷。

我在培训中多次用保温杯做道具导入不同主题。

大家请看这个保温杯(动作稍显神秘,有点变魔术的感觉),当然我不是变魔术喽(轻笑)。假如我是这个杯子的设计师,我年底给领导汇报工作时说:"领导,今年我做了巨大创新,我把杯子的高度增加了一厘米。"如果你是领导的话,你觉得这叫创新吗?我看很多人摇头了。

可是,假如我把杯盖换成一个粉红色唇膏的式样,我说这是女士专用保温杯,我把杯盖换成一个黑色礼帽式样,我说这是男士专用保温杯。请问这次叫创新吗?

噢,这次很多人说是创新了。那为什么第一次不叫创新,而第二次叫创新呢?差异在哪里?(停顿、互动)

你发现第一次是在单一维度上变化,不管是高度变化还是直径变化,它都不能叫创新,而第二次,我把性别维度和杯子交叉在一起,维度交叉就带来了创新。那我设计杯子是这样的,我们的管理又何尝不是这样的呢?

管理的有些道理在几千年来是亘古不变的,但针对不同年龄的人、不同岗位的人得有应用方式的创新,需要结合他的年龄特点、岗位特色,这样的维度交叉带来的就是管理的创新。让我们一起探讨一下"维度交叉带来的管理创新"这样的话题吧!

这一段的演讲开场,导入当中有三要素,分别是引子、桥段、点题。引子就是我用道具做示范;桥段就是把两个不相关的事物衔接在一起,就像一座桥连通了两个不相连的堤岸;点题就是落到演讲的主题上去。

当然一个引子通过不同的桥段可以导入不同的演讲主题。比如:大家请看这个保温杯,如果杯盖拧得太紧打不开,那保温杯就不能发挥它的价值和效用;如果拧得太松,又容易漏水。显然拧杯盖时适当的力度对保温杯来说很重要。保温杯是这样的,我们做管理又何尝不是这样的呢?管理者如果管得太死、抓得太紧,员工容易死气沉沉、缺乏活力,但管得太松又容易一盘散沙、政令不通,显然适度的管理力度对管理者来说至关重要。让我们一起探讨一下关于"适度的管理力度"这样的话题吧!

一个引子,可以通过不同的桥段导入不同的主题上。

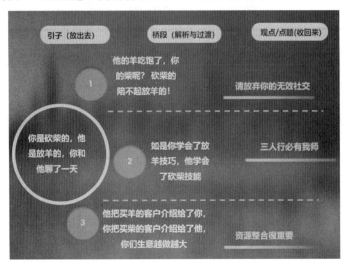

应用道具法做演讲开场设计,包括三个步骤:第一,聚焦主题;第二,发散思考;第三,选择道具。

聚焦主题的意思就是不能泛泛而谈。比如,做一场半小时的演讲,用"创新"这样的主题就显得太大了,没有聚焦,谈不深入。但如果用"销售渠道创新"做主题,那就聚焦了。如果半小时的演讲用"团队管理"这样的主题显然太过宽泛,而如果用"新生代员工管理"这样的主题就相对聚焦。

发散思考是指找到不同事物之间的相关性。先从自己要讲的主题出发,思考其核心内涵是什么,接着再找身边的事物,尤其在演讲厅能看到的物品,想到其中的关联之处并选为道具,这就是发散思考。

应用道具法容易出现的问题之一,是未将道具相关联的道理说透彻,听众没有理解,这时候如果通过桥段导入主题就有点"夹生",也即听众对道具所诠释的道理和主题没有完全贯通,那自然理解就打了折扣。

应用道具法容易出现的问题之二,就是放出去讲道具的时间太久,收到主题上太慢,感觉头重脚轻;或者蜻蜓点水一讲道具就强拉到主题。这种尺度的拿捏需要在一次又一次的演练中去体会。

应用道具法时,要注意选择个头小、重量轻、方便携带的道具,或者在演讲现场就能临时找到。如果道具太过复杂,携带不太方便,也可以拍张照片把道具法转化为图示法,用PPT显示出来。导入方式是相似的,也是"引子＋桥段＋点题"三部分。

本单元打卡练习

请选择日常工作中会涉及的某一个演讲主题,应用道具做导入,设计演讲开场导入的三部分:引子＋桥段＋点题。

请注意道具与主题的关联性以及主题的聚焦性。

3.3.3 演讲开场技巧之三:析数据

统计数据自带说服力,用解读数据的方式做演讲开场,一开始就能极具说服力,开启与听众之间思维同步的旅行。

如我在讲"打动人心的沟通技巧"主题时是这样开场的:

2020年1月8日,那天晚上我出差去广州,在航班上看到《中国民航报》头版头条斗大的标题写着:2019年京沪两地机场客运吞吐量双双再次破亿,其中上海浦东、虹桥两机场客运吞吐总量突破1.22亿人次。我看了之后好有感慨:在这个视频会议、电话会议如此普及的时代,为什么商务差旅人员依然是有增无减呢?为什么很多事情不是开个视频会议就能解决的,而是要坐飞机上千公里飞一趟呢?我发现背后的关键因素就是面对面沟通不可或缺,不是视频会议、电话会议可以完全替代的。在某些场合、某些事情上,非常有必要进行面对面沟通,如大项目投标演讲、岗位竞聘、商务洽谈、方案探讨等。显然,掌握专业的沟通技巧对职业人士来说非常重要,让我们一起来探讨一下"打动人心的沟通技巧"这样的话题吧!

这段演讲导入用的就是数字导入的方式,通过对机场客运吞吐量统计数据的解读，导入演讲主题。这段导入也分为三个部分，分别是引子、桥段和点题。

使用数据导入的方式有以下几个注意事项：

（1）引用数据要说明出处，彰显内容的严谨性。

（2）数据要做解读，因为听众可能不一定非常关心这些数据，如果不做解读，听众留不下印象。要做出有效的解读，有时候可以利用白板，将数据写在白板上，并用敲白板的方式提醒大家思考这个数据到底意味着什么。带领听众深度思考，必然赢得更高共鸣。

（3）解读数据前有必要提问让听众思考，并做必要的停顿。因为演讲是思维碰撞的过程。演讲者的话语，启动了听众的思考，然后在相互激荡中思考越来越深入，并达成共识。

演讲者要做一个工作、生活的有心人，平时注意收集一些统计数据，如国家统计局、商务部等发布的统计数据等。统计数据不限于自身所在行业，可以突破"隧道视野"去思考去探索，因为看似不同行业的统计数据，其主体往往都和人有关，而人就是统计数据的交集和核心。通过数据解读，我们可以挖掘出看似不相关的统计数据对所在行业、所在企业的启迪和思考。

大数据时代，往往不缺数据，缺的是对统计数据的解读和提炼，而演讲者通过对数据的提炼，挖掘数据内涵，继而落到主题，这是非常有效的演讲导入方式之一。

【演讲开场范例】

> **美国人在肥胖的道路上"狂奔不止"**
>
> 　　美国国家卫生统计中心的一份报告显示,过去十几年以来,美国人正在变得"又矮又胖"。该份报告显示,2015—2016年美国男性的平均体重是89.8千克,比1999—2000年上涨了3.8千克;女性的平均体重是77千克,比1999—2000年增加了3千克。美国人的腰围也在增加,女性的平均腰围由92厘米增至98厘米,男性的平均腰围从99厘米增加至102厘米。与此同时,美国人的平均身高不增反减,女性的身高从162.1厘米减至161.7厘米,男性的身高从175.6厘米减至175.4厘米。由于身高、体重的变化,美国男性和女性的BMI指数均超过29。根据相关标准,BMI指数超过25就代表着体重"超重",而超过30则意味着"肥胖",罹患"三高"以及冠心病、癌症、痛风的概率都会大大增加。美国人的平均BMI指数超过了29,也正显示出美国人不仅越来越胖,而且很多人存在着严重的肥胖。
>
> 　　如果要说美国经济发达、社会福利好才导致肥胖人士越来越多,那么为什么欧洲发达国家的肥胖率没有美国这么高呢?是什么原因导致美国越来越高的肥胖率呢?

本单元打卡练习

　　2021年9月,前程无忧发布《2021中国重点大学应届毕业生求职状况报告》。该调查报告显示,教育部公布的2021年考研报考人数达377万人,再创新高。受访的本科毕业生中40%表示第一打算是继续求学深造,76%的硕士毕业后首选"进入职场",也为近三年来的最低,但最想成为"公务员"的研究生高达11%。

　　请根据以上的统计数据,用数据导入法设计演讲开场,包含引子、桥段、点题三要素。

3.3.4　演讲开场技巧之四:讲故事

　　讲故事属于演讲的"万金油",到处都可以使用,演讲开场可以使用,中间绽放可以使用,演讲尾声也可以使用。故事具有神奇的魔力,能对听众产生强有力的吸引力。当然,前提条件是生动、有趣地讲故事。

　　要提高讲故事的能力,最直接的方法是从讲自己的故事着手。即使你不擅长讲故事,但是总会有那么一两个身边的故事曾经影响过你。正如唱歌的品质与演唱者的情感投入程度很有关系,同样,讲故事的魅力与演讲者的用心程度、情感投入状态也很有关系。讲故事要走心,以情感人,同时也要善于抑制感情,不然,由怒转喜、由愁转乐时就很难。

对故事中的人物、事件要描画得恰如其分,既不夸大,又不缩小;要讲得自然、朴实、清楚,不装腔作势;要讲得有声有色,如闻其声,如见其人,如历其境。

讲故事要讲究语气和语调的运用,抑扬顿挫,有节奏感,叙述、对话、插话、模拟要错落有致。叙述时,要讲得有条有理有层次,让人明白。对话,要力求符合人物的身份和性格,表达人物的心理活动要细致入微、合情合理,用不同的气势、神情来区别不同人物。

【演讲开场范例】

> 在给某企业做内训时,课程内容准备以及现场的布局、投影、白板、学员席位牌等设置都没问题,但因为空间层高较高、声音混响较大,且我的语速没有做适应性调整,后来听录音,感觉效果不理想,让我蛮有遗憾。
>
> 这让我想起来高中和大学两位老师的观点。记得在高中读书的时候,学校一位权威的物理老师告诉大家:计算题解题时如果应用的物理理论和公式正确,即便结果算错,仍然可以得题目一半的分数。而在大学里,学院一位德高望重的老教授讲授"机械设计"课程,他告诫大家:考试时不仅要公式应用正确,计算结果也应准确无误才算有效,错一样都是零分。
>
> 两位老师看似矛盾的教诲和观点我一直没有忘记,因为我知道他们讲述的侧重点不同。高中物理所学的东西尚是在纸上谈兵,老师更加强调学生对物理学原理的理解,而不像数学课那样偏重与追求精准无误的结果,所以他侧重学生对理论的理解。而大学里,对课程知识的充分理解、设计计算中的严谨性,这两者对设计的安全性同等重要,因此设计方法和计算准确性要两手抓,两手都要硬。
>
> 机械设计是这样的,思路、计算一个都不能错,培训实施同样是这样。如果只是培训方法对,但培训细节不到位,效果依然不够好。我们一起来探讨一下"培训细节把控"这个话题。

TED机构是全球最有影响力的演讲平台之一,它的标准也可以说是演讲的金牌标准。TED机构有一项统计:他们通过对优秀演讲者在一场演讲当中讲故事、讲场景、讲案例的时间比例进行分析,发现优秀演讲者在一场演讲当中讲故事、讲场景、讲案例的时间比例大于等于60%,也就是说如果你做10分钟的演讲,至少有6分钟时间是在讲故事、讲场景或讲案例。

故事分为大故事、小故事,简称"大料""小料"。大料是一个相对完整的故事,要素较多,耗时较长,一般要两三分钟以上;而小料一般是指用一句话就可以概括的故事。

用讲故事的方式做演讲导入,一般要在前面加个"帽子",再展开故事,渐进导入。一上来就直接讲故事显得有些突兀,听众也往往缺少导向性思考,这样故事不容易被听进去。

讲故事做演讲导入,要生动、有吸引力,该厚的地方厚,该薄的地方薄,该放大的地方放大,该缩减的地方缩减。生动讲故事包含以下六个要素。

生动表达的六要素

结构张力 1　2 细节呈现
人物对白 3　4 语音感染
肢体语言 5　6 观点提炼

1)结构张力

故事的结构设计可以用倒叙、顺叙、补叙、插叙等综合手法。

2)细节呈现

就像盖房子一样,结构决定了房子的坚固程度,而细节决定了舒服程度,一个故事要听得尽兴,它得有若干的细节放大,让人感觉玲珑剔透,方便听众脑补画面。

3)人物对白

故事当中除了主人公之外,还需要有其他人物,就像一部电视剧或电影,如果除了主角之外没有其他演员,没有2号、3号演员,那故事的生动性就很欠缺。

4)语音感染

有人物就需要有对白,不同人物说话的语调、语气要做相应调整,我们虽然不需要像配音员那样做得惟妙惟肖,但至少得让听众听得清楚是不同的人物在说话。

5)肢体语言

在说话的时候,演讲者要充分调动肢体语言。演讲要声情并茂,要有代入感、画面感,这样听众才不容易走神、不容易出戏。

6)观点提炼

讲故事的目的是支撑某一个观点,所以讲完故事,需要再提炼出一个精湛凝练、不拖泥带水、很新颖的观点出来。

上面示范的是较长的故事(大料),也可以用小故事,也即"小料"来做开场。

【演讲开场范例】

> 麦克阿瑟将军在他82岁时受邀去母校西点军校参加授勋仪式并发表演讲,他的演讲开场如下:
>
> 今天早晨,当我走出旅馆时,门卫问我:"将军,您要上哪里去?"我说要去西点,他说:"哦!那是个好地方,您以前去过吗?"
>
> 这样的荣誉没有人不深受感动!
>
> 麦克阿瑟用应景的故事做关联,并有轻笑点设计,在一开始引发听众的情感共鸣,这些看似随随便便拉家常般的小故事,貌似没有设计,实则是细针密缕地做过精心设计。

【荔枝哥听演讲】

真实真诚打动听众——听蒋总演讲有感

"国内名牌大学毕业后赴美国留学,获名校博士学位后进入通用电气总部,从事生物工程研发成为技术精英,回国后加盟民企,任上市公司高管",这样的履历简直堪称职业经理人成功的典范!蒋总就是这么一位,儒雅、沉稳的形象给人很有内涵的感觉。他看似一帆风顺的成功,背后有什么纠结和困惑吗?成功人士能带给大家哪些可复制、可粘贴的方法呢?

我受邀为××生物公司培训,主题是"制度优化与执行力",蒋总的开场演讲回答了我上面的两个问题,他的演讲也属于最走心、最有启发力的那一类。

蒋总的演讲内容概括如下:他在美国硕士毕业后,曾经对未来发展有过一些纠结,到底是继续读生物学博士,还是转读计算机或金融专业。通过对内心追求的挖掘,对职业热爱的思考,选择变得清晰而简单——继续攻读生物学博士。

在美国工作几年后,为了实现科技报国的愿望,也希望有所建树,他选择了回国。从通用电气到××生物公司后,他感受到种种差异,对不同模式下管理机制、流程常进行对比和思考,也耐心地推动着问题的解决。回首这些问题的推动解决,感觉这些就是职业生涯中印象最深刻的点。

成功的演讲往往不是随意发挥的结果,看似即兴发挥的背后是精心的逻辑设计。蒋总的演讲方法概括如下:

(1)打动听众,"真诚"是第一原则,他语气谦和的魅力为演讲成功奠定了良好的基础。

(2)内容真实,并从故事、困惑入手,通过"纠结—思考—实践—成果"的现身说法模式,吸引听众,形成共鸣。

(3)开场讲话的落脚点与当天的培训主题无缝对接,平滑导入。

【演讲开场范例】

> **成龙获得"奥斯卡终身成就奖"发表的演讲**
> （节选）
>
> 真不敢相信我还站在这里，真的像做梦一样！很久以前，每一次和我老爸看奥斯卡颁奖，我老爸就问我："儿子，你在全世界拿了这么多奖项，什么时候拿个奥斯卡奖呢？"我看着他，哈哈哈笑了三声，回答说："老爸，我做的是喜剧动作片。"
>
> 很多年后，我来到了好莱坞，见到很多大工作室、大导演，去了朋友的家里，史泰龙的家里。那是23年前，我在他家里看到这个金光闪闪的小东西，我摸它，吻它，嗅它，我相信我的指纹还在上面。我对自己说："我真的好想有一个！"
>
> 最后，Cheryl打电话来了（告诉我得奖了），我说："你确定吗？"
>
> 56年的从影经历，拍摄了超过200部电影，摔断过很多骨头，最后，我拿到了！

讲故事做演讲开场有几个注意事项：

(1) 要做到真实、真诚、真情实感，这样故事中就融合了人设的魅力和影响力，让故事更具感召力。

(2) 对故事的来龙去脉要了解得非常清楚，不能含含糊糊、词不达意、内容干瘪，讲完故事后提炼的观点要尽可能符合大多数人的认知观。

> 假设演讲主题是"好口才，是招牌"，请用讲故事的方式做演讲导入。故事中包含以下六要素：结构张力、细节呈现、人物对白、语音感染、肢体语言及观点提炼。

3.3.5 演讲开场技巧之五：提问题

提问是引发思考的"快捷方式"，通过高效提问的方式做演讲开场，可以更

好、更快地引起听众的关注。

【演讲开场范例】

> ### 如何收放自如地演讲
>
> 请问在座的各位朋友，大家有没有发现过这样的现象：很多人在上台演讲时，如果人少则能轻松应对，而人多时则易发挥失常；面对熟悉的人演讲，能够做到挥洒自如，而面对陌生人则常常尴尬难当；在台下准备充分，一上台就思绪混乱；在下属面前讲话得心应手，面对领导则吞吞吐吐。显然，这样的表现波动，给职业人士的演讲品质带来很多不稳定性。
>
> 是什么原因造成这样的现象呢？又有哪些方法可以有效解决这些问题呢？
>
> 今天，我们一起探讨一下这个话题"如何收放自如地演讲"。我是……

以上这段演讲导入当中也包含了三要素，分别是提问做引子、桥段来衔接、落脚到主题。当然要做得更加丰满一点，还需要一些其他技巧的穿插应用，如排比式罗列现象、推背式抛出问题、两个环节的组合应用等。

用提问法做演讲导入一般是对听众司空见惯的问题提出新的思考，令听众有思维的触动。如常言道"忠言逆耳"，忠言一定要逆耳吗？不逆耳能被接受的忠言是不是更好呢？类似这样的提问，就突破了听众以往的思维定式。换种视角看问题，实现立体思考、思考升级。

提问也可以是对一些社会现象的思考，如：

> 为什么在同样的市场环境下，在同一地区，同样是超市，销售的商品也都差不多，但有的公司经营蒸蒸日上，有的公司则江河日下，其核心原因在哪里呢？让我们一起深入探讨一下"超市运营的关键点"这个话题。

再如：

> 为什么不少小朋友喜欢打游戏，而对学习的热情不如打游戏那么高呢？有没有一种方式，可以让学习变得有趣味，让小朋友像打游戏一样爱上学习呢？这就是今天我们要探讨的主题：游戏化教学。

除了演讲开场用提问的方式，很多TED的演讲标题也常用问题的方式，如：

为什么成功的秘诀是设定正确的目标？

如何向风险投资人推销？

如何传播你的想法？

为什么优秀的领导者会让你感觉安全？

提问导入的方式还应该注意一些细节,如提的问题大多数听众都是认同的,对现象描述是客观的,措辞是精准的。就像前面提及的这段开场,如果说"为什么很多小朋友喜欢打游戏,而对学习的热情不如打游戏的高呢?",这里用了一个词"很多",那有人可能就提出反对意见:没有啊,我所接触的小朋友当中喜欢打游戏的并不多啊!但如果把"很多"变成"不少","不少小朋友打游戏的热情要比学习更高",这时候大多数人可能更容易接受更认同,所以措施要缜密、要精准,要确保赢得大多数听众的共鸣。

【演讲开场范例】

怎样判断一个孩子长大之后更有出息?是看成绩吗?是看是否听话吗?我想这些答案你都不一定会接受。其实,你只要思考这三个问题,就已经把握住了关键点。

第一个问题:孩子经常做家务吗?哈佛大学做过一项调研,爱做家务的孩子和不爱做家务的孩子相比,长大后收入高20%,婚姻也更加幸福。

中国教育科学研究院也做过类似的调查,结论是成绩优秀的孩子中做家务的孩子比不做家务的孩子要多26倍。德国更是直接用法律强制要求6～18岁的孩子必须参与家务劳动。看到了吗,做家务就是这么重要。

第二个问题:孩子是否常早起?一个孩子对时间的理解和态度决定着他的未来。现在不播种,到了秋天肯定是颗粒无收。一个没有时间概念的人,计划性差,守时性差。所以一定要早起,如何过好一天就等于如何过好一生,早起的背后是时间观念,是认真的生活态度。

第三个问题:孩子是否有胆量?你敢不敢面对失败,你怕不怕被人嘲笑,能成功的人不一定都天赋异禀,但一定都是有胆量去面对困难和问题的。

如何让孩子具备以上三个特质和能力,如何让孩子未来更有出息,让我们一起探讨一下"孩子教育的三个关键点"这个话题吧!

要点分析:
⊙ 提问开场、三点法应用、权威统计数据支撑
⊙ 引子+桥段+点题

本单元打卡练习

请针对"看电影有助于学演讲"的演讲主题,用提问方式做演讲导入设计。

3.3.6 演讲开场技巧之六:抛观点

直接在演讲一开始抛出自己的观点,这也是一种演讲开场的导入方式。正如芭芭拉·明托在《金字塔原理》这本书当中所提及的观点"结论先行",也即先说清楚结果,再详细谈过程。开场直接抛出观点,就属于结论先行。

【演讲开场范例】

2017年9月2日,首届中国顶级营销高峰论坛暨中欧校友会CMO俱乐部成立大会在上海举行,分众传媒董事局主席江南春的演讲开场如下:

我觉得在中国企业中最重要的职位其实是CMO(首席营销官)的职位,对CMO的力量和价值在中国社会是被远远低估的。今天,我想分享在流量为王的时代当中我的一些观点。

一、人心比流量更重要

中国的很多瑰宝来自中国的军事理论,这当中很重要的《孙子兵法》里讲了一个"求胜不能求战"道理,即:不能轻易打仗,如果打仗,要确保你一定能胜利的情况下再发兵。如何确定你在市场上一定会胜利呢?实际上用五个字,叫道、天、地、将、法。"天"就是天象、天时,在中国企业叫时间窗口。"地"是渠道,渠道经销商的力量,你是不是广阔覆盖。"将"就是在座各位的团队。"法"是运营管理的效率和激励机制。"天""地""将""法"非常重要,但是在这些之前有个更重要的因素"道",道是非常虚幻的词,得道多助,失道寡助,得人心者得天下,道其实是人心。

……

荔枝哥点评:

- 结论先行,开场直抒独到观点,"人心比流量更重要"。
- 纵观历史,紧接当下,案例丰富,渐进导入,"坡度"适中,从解放战争中的"赢得人心"讲到商战中的"占领消费者心智"。
- 抛出独到见解,给出具体解决方法。

在一些工作安排比较急迫,对下属更强调执行力的演讲当中,可以不用循循善诱、因势利导地导入,可以直接说结果,抛出观点,接下来再阐明步骤或者必要性。

【演讲开场范例】

> 业务结构调整迫在眉睫!今年的市场竞争激烈,价格战在某些地区非常严重,导致公司今年的利润率下滑明显。因此,经公司经营管理委员会商议决定,马上开展业务结构调整,具体按照以下步骤进行:
>
> 将注塑机、磨具设备等高利润的产品生产量增加20%,将过滤阀、歧管两项亏损业务的比例调低20%。如何调整按照以下步骤……

结合你的工作分析在哪些情境下适合用直接抛观点的演讲导入方式,写出一种具体的演讲场景,包括演讲目的、演讲主题、演讲时机、听众类型、演讲内容、演讲时长等。

3.3.7 演讲开场技巧之七:定场诗

旧社会的相声老艺人,在街头说相声之前,一般先说一段朗朗上口的定场诗来吸引听众,或者用白沙撒字的方式引发好奇、聚集人气。定场诗中知晓度比较高的如明代杨慎的《西江月·道德三皇五帝》:道德三皇五帝,功名夏后商周,五霸七雄闹春秋,顷刻兴亡过首。青史几行名姓,北邙无数荒丘,前人撒种后人收,说甚龙争虎斗!

定场诗一说、醒木一拍,一下子就能引起路人注意。

演讲也类似,在一开始抛出一段平仄押韵的类似定场诗的话语,必然也能够吸引听众的注意力,让听众觉得耳目一新。

比如,在魔力演讲课程中,我曾经做过这样的开场:

> 好看的皮囊千篇一律,有趣的灵魂万里挑一,怎样的演讲才有魔力?欢迎来到魔力演讲课堂,大家好……

再如:

> 春风十里不如你,我在魔力演讲等你,欢迎来到魔力演讲课堂,我

们一起激荡!

这几句话就属于朗朗上口的类似定场诗的话语。平仄押韵的话语,更容易吸引听众的注意力,也让听众一开始就感觉到演讲内容是做过精心设计和打磨的。

针对你要做的某一场演讲,设计一段朗朗上口、平仄押韵的开场白。

3.3.8　演讲开场技巧之八:猜谜语

谜语有助于激发听众兴趣,引发好奇,提高聆听的参与度。用猜谜语方式做演讲开场,谜底一般要和主题有关,也就是说当听众猜出谜语的时候,也就落脚到主题上了,做到平滑点题和落地。

【演讲开场范例】

大家好,一开始请大家猜一个谜语,谜面是:生来我是千里眼,敌机一来就看见。立刻报告指挥部,拉开天窗把敌歼。打一军事设备。(互动)

对,就是雷达!雷达让我们在前进的途中识别坎坷、绕开障碍。在市场开拓中,我们也需要具备雷达的这种前瞻性洞察力,发现未来的市场竞争热点和阻力点,从而制订更恰当的市场营销举措。让我们一起探讨一下"用雷达视角看未来市场"这个话题。

【演讲开场范例】

> 大家好,一开始请大家猜一个谜语,谜面是四两拨千斤,打一食品。这个食品味道挺甜的,小朋友们都很喜欢吃,但是家长不希望他们多吃,因为对牙齿有伤害。那到底是什么呢?
>
> 噢,是的,那就是"巧克力",四两拨千斤,以小克大力,巧克力!各位想想看,我们做电话销售是不是需要"巧克力"呢?用最小的成本产生最高的绩效,在最佳的时间窗口打电话给最恰当的人,这就是电话销售的"巧克力",既不扰民,又让我们事半功倍。我们一起探讨一下"电话销售中的'巧克力'"这样的话题吧!

在猜谜语的过程当中,可以酌情进行提醒,既不让听众一下子猜出来,也不能一直猜不出来,这两者都是缺乏趣味和互动性的。

请收集一个谜语,将这个谜语与你的演讲主题相关联,设计谜语导入的演讲开场。

3.3.9 演讲开场技巧之九:引名言

演讲开场用名人名言的方式,有三点好处:

(1)如同站在巨人肩膀上,有助于开阔听众视野,拔高听众的思考。

(2)名人如同著名商标,其在某个方面的成功在社会公众心目中已经做了很好的背书,影响力大、认可度高、说服力强。

(3)名人名言一般思想内涵丰富,语言凝练精湛。

我相信很多人都听过温斯顿·丘吉尔的那句名言:"一个人能面对多少人当众讲话,他的事业就能做多大。"想想看,你用这句话面对企业管理者做演讲开场,我相信很多人内心已经激起了涟漪,形成了共鸣!

沃伦·巴菲特的很多名言常被广泛引用。"你买的不是股票,你买的是一家企业的生意",如果给客户讲价值投资,一开场抛出这句话,对概念已经是很好的诠释和支撑了。

【巴菲特名言摘录】

- 从预言中你可以得知许多预言者的信息,但对未来却所获无几。
- 如果我做了某些其他人不喜欢但我感觉良好的事,我会很高兴。如果其他人称赞我所做过的事,但我自己却不满意,我不会高兴。
- 有的企业有高耸的护城河,里头还有凶猛的鳄鱼、海盗与鲨鱼守护着,这才是你应该投资的企业。
- 我们应集中关注将要发生什么,而不是什么时候发生。
- 伟大企业的定义如下:在25年或30年仍然能够保持其伟大企业地位的企业。
- 我们之所以取得目前的成就,是因为我们关心的是寻找那些我们可以跨越的一英尺障碍,而不是去拥有什么能飞越七英尺的能力。
- 在别人恐惧时我贪婪,在别人贪婪时我恐惧。
- 永远不要问理发师你是否需要理发。
- 我们的工作就是专注于我们所了解的事情,这一点非常非常重要。
- 只有在潮水退去时,你才会知道谁一直在裸泳。
- 习惯的链条在重到断裂之前,总是轻到难以察觉。

引用名人名言的时候,要注意引用完整,要说出作者,必要时还得说出这句话说的时机和场景,这些背景都有助于听众的深入了解和思想共鸣。

【演讲开场范例】

泽利·萨宾是达喀尔汽车拉力赛的创始人,他曾经说过一句脍炙人口的话语:出发前,永远是梦想,上路了,才是挑战!

泽利·萨宾年轻时是一位赛车手,几乎把所有年轻时光都花在与赛车有关的事情上,他真正喜欢赛车。有一次泽利·萨宾在比赛中受困于利比亚的沙漠,直到被主办方的直升机营救才脱险,他当时就萌生了创办从巴黎到达喀尔汽车拉力赛的想法。那个时候他只有28岁,他将梦想付诸行动,最后获得了成功。他对于将梦想付诸实施有很深的感触,他把对人生的感悟和赛车的情景结合才有了这句名言。

这句话对于那些踌躇不前、缺乏执行力的人来说,就是很好的触动,有赋能和推动效果。

【演讲开场范例】

> 著名投资家沃伦·巴菲特曾经说过:"有一种能力你必须具备,不管你喜欢与否,那就是轻松自如地进行公众演讲。这是一种财富,将伴随你50~60年,如果你不喜欢,你的损失同样是50~60年。"
>
> 巴菲特能说出这句话,一定是在他的投资事业中,深深地感觉到演讲能力的重要才有感而发的。

我也曾用过名言导入的方式做演讲开场。

莎士比亚说过:"世界是个舞台,人人都是演员。"这句话对我很有启迪,我们每个人都扮演着很多社会角色。比如,我就有很多社会角色:我是个丈夫,我是个爸爸,我也是个儿子,我还是位老师,同时我还是位学员,我还是培训机构和客户的合作伙伴。除了这些,我还有很多其他社会角色。我要扮演好每种社会角色,发挥好自己的职能和职责,而这种职责发挥更多是通过沟通方式展现出来的。显然,把与家人沟通的方式用在与客户沟通、学员沟通上是不合适的。

作为一名职业人士,在不同场景下、不同角色下要切换自己的状态,面对上司,面对下属,面对跨部门的同事,在沟通时要掌握不同的方法,发挥好这个角色的职责。让我们一起探讨一下"职业人士的多角色沟通"这样的话题!

【演讲开场范例】

> 俞敏洪问王传福,很多国内车企,喜欢给车起个外国名字,觉得这样才显得洋气,而比亚迪却反其道而行之,起了秦、汉、宋、元?王传福说:"我们早期创业是为了脱困,等你有了真正一家比较有规模的企业的时候,其实这个动力已经没了,剩下的其实就是为了一个骨气。"
>
> 企业发展是这样的,个人职业生涯发展也非常相似,如果您的职业生涯已经过了"脱贫"期,那个人品牌和影响力的树立时机已到,用实力和话语影响力来打造、彰显您的个人品牌魅力!

彼得·德鲁克被称为"管理学之父",他有很多脍炙人口的名言在演讲中经常被引用。

※ **企业的唯一目的就是创造顾客。**

可用于的演讲主题有营销、销售、客户战略、客户服务、客户关系管理、目标管理等。

※ **组织的使命在于使平凡的人做出不平凡的事。**

可用于的演讲主题有企业文化、职业动力激发、领导力、非职务影响力等。

※ **在所有组织中90％左右的问题是共同的,不同的只有10％。只有这10％需要适应这个组织特定的使命、特定的文化和特定语言。**

可用于的演讲主题有问题分析与解决、企业文化、战略解码等。

以下是不同主题的名人名言荟萃,供您在做相关主题演讲时调用。

※ **关于人生**

胜利和眼泪,这就是人生。—— 巴尔扎克

有的人活着,他已经死了;有的人死了,他还活着。——臧克家

生如夏花之绚烂,死如秋叶之静美。——泰戈尔

※ **关于命运**

知识能改变命运。——爱默生

自己的命运应由自己创造。——契诃夫

我要扼住命运的咽喉,绝不让命运所压倒。——贝多芬

※ **关于生命**

活着的士兵,要比死了的皇帝更有价值。——拿破仑

当我活着的时候,我要做生命的主宰,而不做它的奴隶。——惠特曼

生命赐给我们,我们必须奉献生命,才能获得生命。—— 泰戈尔

※ 关于生与死

生当作人杰,死亦为鬼雄。——李清照

在还没有死亡以前,就不能算作完全诞生。——富兰克林

出生是最明确的一场旅行,死亡难道不是一场出发?——三毛

※ 关于青春

自信和希望是青年的特权。——大仲马

谁虚度年华,青春就要褪色,生命就会抛弃他们。——雨果

青年时种下什么,老年时就收获什么。——易卜生

※ 关于价值

人固有一死,或重于泰山,或轻于鸿毛。——司马迁

生命的价值不在于活了多少天,而在于我们如何使用这些日子。——蒙田

最值得高度珍惜的,莫过于每一天的价值。——歌德

※ 关于奉献

只要能培一朵花,就不妨做做会朽的腐草。——鲁迅

我没有别的东西奉献,唯有辛劳、泪水和汗水。——丘吉尔

※ 关于困难

即使跌倒一百次,也要一百零一次地站起来。——张海迪

困苦永远是坚强之母。——莎士比亚

人的生命似洪水在奔流,不遇着岛屿、暗礁,难以激起美丽的浪花。——奥斯特洛夫斯基

不幸是一所最好的大学。——别林斯基

逆境是到达真理的一条道路。——拜伦

※ 关于理想

生活的理想,就是为了理想的生活。——张闻天

有理想的人,生活总是火热的。——斯大林

你的理想与热情,是你航行的灵魂的舵和帆。——罗曼·罗兰

※ 关于追求

世间的任何事物,追求时候的兴致总要比享用时候的兴致浓烈。——莎士比亚

人类的使命在于自强不息地追求完美。——列夫·托尔斯泰

※ **关于希望**

希望是很好的早餐,却是很糟的晚餐。——培根

希望是本无所谓有,无所谓无的。这正如地上的路;其实地上本没有路,走的人多了,也便成了路。——鲁迅

※ **关于信念和信心**

冬天到了,春天还会远吗?——雪莱

信心是命运的主宰。——海伦·凯勒

※ **关于意志**

咬定青山不放松,立根原在破岩中。千磨万击还坚劲,任尔东西南北风。——郑板桥

※ **关于奋斗**

千淘万漉虽辛苦,吹尽狂沙始到金。——刘禹锡

路漫漫其修远兮,吾将上下而求索。——屈原

世上无难事,只要肯登攀。——毛泽东

锲而不舍,金石可镂。——荀况

※ **关于目标**

没有目标而生活,恰如没有罗盘而航行。——康德

对于一只盲目航行的船来说,所有的风都是逆风。——哈伯特

※ **关于责任**

一切责任的第一条:不要成为懦夫。——罗曼·罗兰

※ **关于竞争**

竞争的本能是一种野性的激励,一个人的优点通过它从另一个人的缺点上显示出来。——桑塔亚那

物竞天择势必至,不优则劣分不兴则亡。——梁启超

※ **关于合作**

你的钟声只有在齐鸣时才能听见,在单独鸣响时,只会淹没在那些旧钟的一片响声里。——高尔基

一朵鲜花打扮不出美丽的春天,一个人先进总是单枪匹马,众人先进才能移山填海。——雷锋

唯有具备强烈的合作精神的人,才能生存,创造文明。——泰戈尔

※ 关于时间

时间最不偏私,给任何人都是二十四小时;时间也最偏私,给任何人都不是二十四小时。——赫胥黎

不教一日闲过。——齐白石

你热爱生命吗?那就不要挥霍时间,因为它是构成生命的材料。——富兰克林

盛年不重来,一日难再晨。及时当勉励,岁月不待人。——陶渊明

一万年太久,只争朝夕。——毛泽东

三万六千日,夜夜当秉烛。——李白

最宝贵的莫过于"今天"。——歌德

※ 关于成功

成功的秘诀在于永不改变既定的目标。——卢梭

成功就是那古老的 ABC——能力、机会和勇气。——拉克曼

轻敌,最容易失败。——鲁迅

默认自己无能,无疑是给失败制造机会。——拿破仑

※ 关于荣誉

荣誉就像玩具,只能玩玩而已,绝不能永远守住它,否则就将一事无成。——居里夫人

世界上荣誉的桂冠,都是用荆棘编织而成的。——卡莱尔

应当把荣誉当作你最高的人格的标志。——牛顿

※ 关于哲理

人不能两次踏进同一条河流。——赫拉克利特

最成熟的果子最先落地。——莎士比亚

真理往往是在痛苦呻吟中说出来的。——莎士比亚

当你背向太阳的时候,你只看到自己的影子。——纪伯伦

※ 关于真诚

生命不可能从谎言中开出灿烂的鲜花。——海涅

※ 关于自律

我的确时时解剖别人,然而更多的是更无情面地解剖自己。——鲁迅

自我批评,这是一所严酷的培养良心的学校。——罗曼·罗兰

※ **关于正直**

人不可有傲气,但不能无傲骨。——徐悲鸿

※ **关于谦虚**

虚心使人进步,骄傲使人落后,我们应当永远记住这个真理。——毛泽东

不满是向上的车轮,能够载着不自满的人类,向人道前进。——鲁迅

※ **关于自尊**

自尊心是一个人灵魂中的伟大杠杆。——别林斯基

自尊不是轻人,自信不是自满,独立不是孤立。——徐特立

※ **关于天才**

勤能补拙是良训,一分辛劳一分才。——华罗庚

饥饿是天才的侍女。——马克·吐温

※ **关于个性和创新**

踩着别人脚步走路的人,永远不会留下自己的脚印。——爱因斯坦

你的良知在说什么?你要成为你自己。——尼采

※ **关于友谊**

友谊就是力量。——高尔基

※ **关于健康**

健康是人生的第一财富。——爱默生

健康的躯体是灵魂的客厅,而病体则是监狱。——培根

科学的基础是健康的身体。——居里夫人

※ **关于幸福**

使时间充实就是幸福。——爱默生

幸福永远存在于人类不安的追求中,而不存在于和谐与稳定之中。——鲁迅

幸福是在为别人而生活。——列夫·托尔斯泰

※ **关于生活**

美是生活。——车尔尼雪夫斯基

生活而不为生活俘虏。——罗曼·罗兰

生活的花朵只有付出了劳动才会绽开。——巴尔扎克

※ **关于习惯**

世界上没有比习惯更专制的了。——左拉

※ **关于书籍**

书籍是朋友，虽然没有热情，但是非常忠实。——雨果

热爱书吧，这是知识的泉源。——高尔基

我扑在书籍上，就像饥饿的人扑在面包上一样。——高尔基

书籍是人类进步的阶梯。——高尔基

我读书奉行九个字，就是"读书好、好读书、读好书"。——冰心

为中华之崛起而读书。——周恩来

※ **关于思考**

学而不思则罔，思而不学则殆。——孔子

思则睿，睿则圣。——周敦颐

思索的时间长，笔尖上便能滴出血和泪来。——老舍

※ **关于恒心**

积累知识在于勤，学问渊博在于恒。——雨果

※ **关于知识**

知识就是力量。——培根

学问是苦根上长出来的甜果。——大伽图

※ **关于诚信**

小信成则大信立。——韩非子

人而无信，不知其可也。——孔子

本单元打卡练习

请应用名言导入的方式，设计一种演讲开场，演讲主题与工作相关。

3.3.10 演讲开场技巧之十：讲笑话

如同高血压患者常备降压药一样，演讲者也需要常备几个讲得熟悉的笑话或脑筋急转弯，这样可以用来应急或活跃气氛。这些笑话平时在饭局上、在其他演讲中已经讲过几遍了，属于驾轻就熟的，当你碰到尴尬时，找到一个恰当的关联点把笑话讲出来，听众一笑，气氛一下子就轻松了。

心理学家凯瑟琳说过："如果你能使一个人对你有好感，那么也就可能使你周围的每一个人，甚至是全世界的人，都对你有好感，只要你不是到处和别人握手，而是以你的友善、机智、风趣去传播你的信息，那么空间距离就会消失。"机智、风趣、幽默能快速拉近人与人之间的感情距离。

如李敖先生演讲中幽默风趣的话语不时逗笑现场听众，"我演讲时，最怕碰到四种情况，第一种，是怕没有人来听；第二种，是怕听的人中途去小便；第三种，是怕去小便的人不回来；第四种，是怕回来后不鼓掌"，说完听众哈哈哈一乐，掌声四起。

梁思成先生有一次做关于古建筑维修的学术报告，演讲一开始，他说："我是个'无齿之徒'。"满堂为之愕然，以为是"无耻之徒"。停顿了几秒，梁思成才说："我的牙齿没有了，后来在美国装上这副假牙，因为上了年纪，所以不是纯白色，略带点黄，因此看不出是假牙，这就叫作'整旧如旧'。我们修理古建筑也要这样，不能焕然一新。"

开场用自嘲自黑的方法，有助于带来笑点，拉近距离，实现有效的破冰，同时，自嘲、自黑也是演讲者自信的表现。开场的笑点设计也有助于降低听众的笑点，在接下来的演讲中，听众相对更容易发笑。

如胡适先生某次的演讲是这样开场的："我不是来给诸君做报告的，我是来胡说的，因为我姓胡！"

有一次做关于"打动人心的职场沟通"演讲时，我是用这种自嘲的方式开场的：

大家好！我叫周力之，朋友圈的伙伴都喜欢叫我"荔枝哥"，对，就是那个"日啖荔枝三百颗"的荔枝（"啖"重音突出），不过大家不要把我"啖"掉（轻笑点），我讲的内容，倒是希望大家边听边啖。

我和荔枝还是很有相似之处的，你看这脸就像荔枝皮，不过内心还是很纯洁的,就像荔枝肉(轻笑点)。纯洁的心灵是深度沟通的纽带,让我们一起敞开心扉,深度沟通,一起走进"打动人心的职场沟通"课程!

【演讲范例】

马未都某次在上海演讲用笑点做开场,演讲主题是"收藏最终的快乐是文化的快乐"。

尊敬的各位来宾,大家好! 　　到上海来,首先要跟上海人"套磁",北京话里的"套磁"就是说我得跟上海搭上关系。我出生在北京,但我在上海诞生的。	• 拉近距离,设置悬念,"包包袱"
这个事儿比较费解:我父母都是军人,我父亲抗战参加革命,解放战争一直打到上海。我母亲到上海来当兵,跟我父亲相识,结婚以后有了我,然后怀着我进的京。所以我就跟上海能套上这么一个"磁":我诞生在上海,出生在北京。	• 台下大笑,"抖包袱"
所以你们都很高兴,这就是文化的快乐!……收藏在很大程度上跟文化有关,收藏最终让人获得的快乐是文化的快乐。金钱固然能给你快乐,这点我们不回避,你便宜买来的东西突然特值钱,你肯定会在家里翻跟斗。	• 桥段衔接,导入主题 引子(自己的"诞"和"生")+桥段(文化的快乐)+点题(收藏最终的快乐是文化的快乐)

本单元打卡练习

　　请针对你的名字做出自嘲或自黑的一种诠释,并把自嘲和某一个演讲主题相关联。

3.3.11　演讲开场技巧之十一:应景法

　　正所谓"法无定法",前面讲了十种不同的演讲导入方式,除了这些,在实际应用中也可以非常灵活地结合演讲现场的情景做导入。这种能力需要演讲者灵活自如,敏锐地将演讲主题和现场的情景相关联。

　　在某一期魔力演讲课程开课前,我看到同学群里大家讨论说昨天晚上宾馆停电了(上课是在这个宾馆,很多外地学员也住在这个宾馆),非常闷热。我原本已经想好了开场的话语,但看了这些讨论之后,我调整了开场的方式,设计了

一个应景导入的方式,具体如下:

  各位亲爱的魔友,大家早上好!

  听说昨天晚上停电了?(互动)

  一场突如其来的停电,就像一场始料未及的演讲,乱从心生!

  但是,你得迅速调整,敏捷设计,勇敢上台!因为你就是那个"点亮房间的人"。

  让我们一起走入魔力演讲课堂,一起用演讲点亮听众的心房!

【演讲开场范例】

  我在魔力演讲第一期课程的开场,用的就是应景法。看起来稀松平常拉家常一般的导入,其实也做过精心的设计,具体如下。

  今天早上7:20,我开车来会场的路上,在浦东锦绣路罗山路路口等红灯时,倪砥老师的微信来了:把今天的演讲当作一场派对,和大家嗨起来!

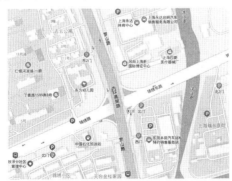

  这句话,如一缕新风扑面而来,让我心旷神怡!是的,演讲不是自嗨,不是个人口才的秀场。演讲是演讲者和听众之间的一场思想澎湃的派对,在互动中传播、感召并促动!

  让我们一起携手走入魔力演讲,擦亮你的话语名片,让勤劳的你更有魅力,让有魅力的你更有话语影响力!

【演讲开场范例】

在一次魔力演讲的线下沙龙，我也是用这种方法做开场的。

今天傍晚六点，我到了演讲现场做准备，丽琼老师是第一个来到现场的伙伴，和她短暂的交流之后，我对她有了更深的认知。丽琼说她很幸运，在上完TTT（内训师培训）课程不久，师兄就给她推荐上课的机会，在踏入职业培训师的道路之后，很幸运地得到了很多人的支持。

听完她的故事，看到她的表现，我想说，天助自助者！机遇总是给热诚又积极上进的人！今天，我们一群热诚又积极上进的伙伴汇聚一堂，一起磨砺演讲能力，我相信一定会有美好的机遇等着大家！

应景法是将当天经历的事情、当天发生的新闻事件、场地所在的地理位置、当天的日期、与现场某人在演讲前的对话、演讲厅内的装饰、天气状况等，与演讲主题关联的一种导入方式。

应景法是先讲当天的事情，再挖掘事情的内涵，继而用桥段和演讲主题相关联。应景法是一种看似没有准备的准备，因为演讲者本人一直在思考演讲话题，所以在他看到相关事物时就容易做链接和关联，这样就非常有助于发现关联素材。从某种角度来说，应景法是灵感对持续思考者的一种奖励。

本单元打卡练习

请用应景导入的方式，设计某个主题的演讲开场。

4 丝丝入扣的演讲绽放

4.1 演讲绽放的结构

4.1.1 演讲绽放的结构之一

"现象—分析—例证—观点"是一种常见的演讲内容绽放方式,可以概括为"现析例观"。

先客观描述现象,赢得听众感同身受的认可;再做科学的归因分析,为了避免归因偏颇或意见相左,演讲者有必要给出特定的分析角度或分析维度,引导听众从这个角度去看;继而用案例去支撑前面的分析,案例最好具有普遍性,有代表意义;最后归纳观点和结论。

这种方式,我在演讲绽放中应用较多,如以下两例。

【演讲绽放范例】

人们似乎都有一种与生俱来的好奇感,在恰当时机下,总想对陌生而又相关的事物去洞察一番。如我曾经就有这样的想法:坐飞机时希望能有机会到驾驶舱观看一下飞机起落时的场景,开开眼界;去一家制造型企业培训时,希望能有机会参观一下从原材料到成品的流水线生产过程,长长知识。当然了,这种想法在未收到对方邀请时往往是不会冒昧提出的,属于一种"淡淡而又存在"的需求,也属于"期望之中、意料之外"的需求。	现象
这种需求未被满足,心情影响不大;而满足了,却全都是加分项,全都是记忆的亮点。当企业的很多客户、潜在客户、合作伙伴的这种需求得到满足后,也会渐进成为该企业赚眼球、赢口碑的有效组成部分。	分析

有的公司洞察到人们的这种好奇需求,并匹配了举措。如某航空公司在飞机起飞、降落阶段,会通过客舱电视让旅客同步观看驾驶舱视角场景,我特别留意了一下,发现这段时间旅客大都聚精会神地观看,比看大片还起劲,因为"好奇感"得到满足了。 有的公司在平面广告、电视广告、网络广告中除了展示产品之外,还会播放其产品全流程精益管控的"诞生"过程,播放其科技领先的自动化的生产线,这些对客户而言都是吸引眼球的亮点。	例证
人的需求是多元化的,从营销、服务角度来看,多角度、设身处地分析客户需求,再"按图索骥"地匹配举措,这是实现企业赚眼球、赢口碑的重要方式,也是实现品牌、客户满意度、忠诚度提升的最优路径之一。 打造企业竞争力,需要"设身处地"分析客户需求。	观点

【演讲绽放范例】

众所周知,Office 软件中有大量功能键、快捷键,很多人不太使用,既影响办公效率,又影响文档出品。这是为什么呢?难道仅仅是因为大家工作节奏忙,对 Office 操作不求甚解吗?是不是微软公司也刻意如此而为,以便区分高手和普通用户呢?不管怎么说,这个现象从 Office 97 到现在,已经存在了二十多年。	现象
从使用者角度分析,我认为有以下几个因素: 第一,不需要使用或使用频次很低; 第二,需要但不知道使用; 第三,需要并知道如何操作,但找功能菜单感觉不方便。 第一条无可厚非,但作为第二条、第三条,软件公司在界面设计上就有必要考虑一下,让其产品的功能价值发挥得更大。 很多功能之所以不使用,与其功能菜单的位置和层级很有关系。而每个用户因为工作性质、内容不同,其使用 Office 功能键的类型、频次也有所差异。 在这个强调大数据、个性化的时代,能否让每个用户的 Office 界面工具栏变成动态、个性化的,在保护隐私的前提下,通过分析每个用户操作动作背后的需求,推送新的、强大的快捷功能键给不同的用户,并直接显示在个性化的工具栏里?	分析

这就像"头条",号称五秒钟可以计算客户的爱好,这样就可以实现"千人千面"的界面推送,也彰显了他们的口号"您所关心的就是头条"。	例证
软件也要讲"面子",个性化的"面子"让用户既显腔调又实用,何乐而不为呢?面子是里子传播的"引信"。	观点

请选择与工作相关,或自己熟悉,或有深入思考的某一主题,应用"现析例观"的说服式结构,做演讲内容绽放。

4.1.2 演讲绽放的结构之二

以下是俞敏洪的一段演讲,我们做演讲绽放的结构拆解。

在这个一切关系都重新定义的时代,谁把自己当老板看,谁死得最快;谁把自己当雇员看,谁这辈子最没出息。**(直述观点)**

这是一个所有关系都重新界定的时代,我在深刻地思考一个问题:我和员工到底是什么关系?以前,我会不假思索地认为自己与员工就是雇佣关系,员工除了到我这儿来工作,还能到别的地方工作吗?他们到别的地方工作,能拿到比这里更高的工资吗?我是老板,员工要老老实实工作,千万不要把关系搞错了,这是我原来的思维。

但现在我看着这些员工,这些任课老师,觉得他们是我的老板,关系全部倒过来了。如果他们不愿意选择在我这儿工作,其他出路也非常多。他们可以到与新东方竞争的企业中工作,也可以自己独立成立一个工作室。我可以毫不夸张地说,中国现在的教育领域,做得最好的教育培训机构有一半以上是从新东方出走的员工创建的。也就是说,他们原来都是我的雇员,而现在,他们有的成了我的合作者,有的成了我的竞争者。我常常想,如果我比这个时代早走一步,在几年前就把他们看作合作者而不是雇员,把这个关系重新定义,那么很多新东方的老师可能会留在新东方内部创业,而不是出走创业。**(现身说法)**

我还认识到，某种程度上，团队力量大于公司力量，我需要建立一个平台，把所有有能力的人集中起来，整合资源，促进双方正向流动。我参加过很多企业关于组织结构的讨论，它们现在要么转型，要么解体。我感觉新东方发展的过程就是不断解体、重组，并产生新的组织结构的过程。而这个新的组织结构很像蜂窝，每个人在里面都有一个自己的窝，在窝里都感觉非常安全。这些人合在一起作为团队的力量，远远大于组织结构本身的力量。新东方就是一个大平台，在我重新界定了自己和员工的关系后，很多人已经留在新东方创立了自己的工作室，而我共享他们的成果。新东方成就了这些群体组织，这些群体组织又反过来成就新东方。（观点扩展）

在这个一切关系都重新定义的时代，谁把自己当老板看，谁死得最快；谁把自己当雇员看，谁这辈子最没出息。事实上，这个时代使每一个人都变得更加有尊严。如果到现在为止你还觉得自己被欺负、被压迫了，那只能说明你对自己的定位不对。我觉得这是人类走向更加个性的自由发展，变得更加精神飞扬，更能够去做自己喜欢的事情，也更能保留自己尊严的时代。这个时代已经靠各种关系的重新界定，真正实现了人与人之间的平等。（首尾呼应）

本单元打卡练习

请选择与工作相关，或自己熟悉，或有深入思考的某一主题，应用"直述观点—现身说法—观点扩展—首尾呼应"的说服式结构，做演讲内容绽放。

4.1.3　演讲绽放的结构之三

演讲的重要价值之一就是带给听众新理念，而新理念的导入往往会碰到听众既有理念的阻力和碰撞。如何循循善诱、快速引导听众接受新理念？SQAC模型是演讲中有效的引导、说服工具之一。

SQAC是四个英文单词的首字母组合，分别是 situation、question、analysis、concept，含义即引入场景、引发思考、总结分析、理念导入。

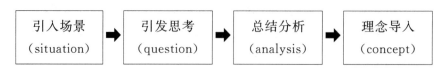

例如,应用SQAC模型做关于"精益服务理念提升"的演讲,可按如下步骤进行。

1)引入场景

精益服务的目的是让企业事半功倍,花更少成本让客户满意度更高,忠诚度更高,并能推动销售业绩提升。如我看到不少大超市、大卖场解决顾客排队问题有以下做法:买了较多商品的,一般都需要耐心排队,但如果购物不超过三件,有快速通道,不用排队。大家觉得这样的做法精益吗?

2)引发思考

正所谓视角不同,结论不同,针对上述问题,演讲者需要多元提问。如:认为这种做法精益的同仁,请举手回答,并说明理由;认为这种做法不精益的,也请举手回答,并说明理由。

根据以往的演讲体验,大多数听众会回答这种做法精益,理由是买的少的人如果排长队,他可能就不来购物了。也有人说这种做法不精益,因为"三件"是凭感觉界定的,无数据支撑等。

3)总结分析

演讲者针对听众的回答,除了从听众视角的肯定之外,需要进一步总结分析:从客户满意度、忠诚度的角度来说,买了很多商品的是VIP(贵宾)客户,买了很少商品的是小微客户,VIP客户排队而小微客户不用排队,显然不精益。

因此,超市精益排队的问题需要系统思考,如:买三件以下商品的顾客可以走快速通道,目视购物超过300元的顾客也可以走快速通道,中间类型顾客另外排队;周一到周五一种排队方式,周六周日另外一种排队方式。因为周一到周五购物的中老年人群相对较多,顾客排队的机会成本低,觉得排排队无所谓;但周末购物的年轻人比例较高,顾客排队的机会成本高。假如说某家超市推出这样的举措:但凡来我们超市购物超过300元,不用排队。我相信这个小小举措有助于满意度的提升、销售业绩的提升,这样的服务举措被称为"精益服务"。

4)理念导入

从以上案例来看,何为"精益服务"? 就是基于客户价值视角、服务营销视角的服务。也即:判断是否是精益服务,要看这项服务是否基于客户细分来做差异化,同时这项服务举措是否对客户满意度提升和营销业绩增长有推动作用。用以上两个视角,我们有必要对现有的服务举措进行精益化梳理。

SQAC模型是一种互动性较强的演讲绽放方法,也是传播理念、说服听众的有效工具。

本单元打卡练习

请选择与工作相关,或自己熟悉,或有深入思考的某一主题,应用"SQAC"的说服式结构,做演讲内容绽放。

4.1.4　演讲绽放的结构之四

丝丝入扣的提问是演讲绽放的有效方式之一。

【演讲辅导案例】

某位魔力演讲学员,她的演讲主要是向潜在客户介绍她们公司所生产的减肥产品。在聆听了她的演讲之后,我发现她所讲的内容主要聚焦于产品方面,而理念较少,且逻辑结构不太清晰。美国作家西门·斯涅克有句名言:"客户买的不是你的产品,而是你的理念。"如果理念没有拔高或刷新,产品不容易被客户接受。而理念的推出,需要加载在丝丝入扣的逻辑结构中。

因此,在演讲辅导中我侧重在理念导入及逻辑结构设计方面。辅导后演讲的绽放结构如下。

(1)开场抛出强有力问题:减肥到底在减什么?与听众互动之后,演讲者给出答案:减肥其实就是在减脂肪。

(2)脂肪对人体有利也有弊,脂肪少了身材显得苗条,脂肪多了,人的能量更足一点。脂肪对人体的好处和负担的平衡点在哪里呢?答案是体脂率的判断。

(3)那是不是体脂率越低就越美越健康呢?答案是否定的,我们要做到增肌减脂。(理念、观点的导入)

(4)那如何实现增肌减脂?这一产品就为这一目的而特别开发的,接下来再导入产品介绍。

这样体现出来的是丝丝入扣的逻辑结构。

【演讲辅导案例】

我给某房地产公司新房事业部做销售演讲辅导,他们有个实战演讲项目是"环沪楼盘销售"。原来的演讲方法,主要侧重于环沪楼盘的性价比、交通设施、医疗资源、学校教育、商业配套等,但发现这样讲的说服力并不强。在聆听和交流之后,我建议设计成环环相扣的绽放结构。

首先从听众(目标客户、环沪楼盘的潜在购房者)所关心的、听众所困惑的问题做演讲的切入点,比如说留守儿童问题。

(1)大家有没有发现这样的现象:一些留守儿童容易染上坏习惯?

(2)那是因为父母不在身边,爷爷奶奶所能做的就是让其安全成长,但非常有效的辅导和教育确实很难做到。

(3)孩子好习惯的培养与父母的陪伴、言传身教息息相关。怎样才能做到高质量的陪伴和成长,让孩子养成很多好习惯呢?那显然就是要陪伴,尽量和孩子生活在一起,正如那句网络语所说的,"陪伴是最长情的告白"。

(4)上海购房条件比较严格,房价也比较高,怎样才能有自己的家,和孩子一起生活呢?

(5)环沪楼盘就是不错的选择!

接下来再介绍环沪楼盘的相关信息。

这种绽放结构就是从听众最关心的问题和困惑开始,一环一环地推进,最后落脚到演讲者要讲的内容上去。

本单元打卡练习

请参照本单元的两个演讲辅导案例,针对你以往的某次演讲的结构做优化,设计环环相扣的演讲逻辑绽放结构。

4.1.5 演讲绽放的结构之五

"现象对比—原因分析—促动行为"也是一种常见的演讲内容绽放方式。

【演讲绽放案例】

电灯发明之前,纽约的路灯是煤气灯,因为比较高,需要爬楼梯才能点燃,于是,一种叫作"灯夫"的职业诞生了。灯夫和警察、邮递员一样,都是铁饭碗,灯夫们还有自己的组织:灯夫联盟。	现象对比(明)
19世纪末,纽约安装了第一批用电的路灯之后,灯夫们也没有失业,因为每盏灯都是单独控制的,需要人逐一开启和关闭。然后,等到路灯的开关可以统一控制之后,对灯夫而言,就没有然后了。1927年,纽约最后两名灯夫失业,灯夫联盟解散。	现象对比(暗)
这就是典型的技术进步致人失业。	原因分析
看起来,司机会成为下一个灯夫。现有的辅助驾驶技术,类似于单独控制的用电路灯,让司机的工作更轻松,等到自动驾驶技术完全成熟,司机就没有然后了。	促动行为

【演讲绽放案例】

在电子支付之前,ATM(自动柜员机)非常流行,在很多银行网点、商场、机场都是标配。在很多闹市区常看到ATM前排队的场景,ATM也曾被称作银行业"最有用的发明"。20世纪90年代末至21世纪初,ATM网点增加很快,而且不断在升级迭代,ATM生产厂商生意蓬勃。	现象对比(明)
随着互联网的发展,其功能也从信息共享演变为一种大众化的信息传播手段,电子支付逐渐兴起。电子支付是指消费者、商家和金融机构之间使用安全电子手段把支付信息通过信息网络安全地传送到银行或相应的处理机构,用来实现货币支付或资金流转的行为。2005年,被称为中国电子支付元年,在移动支付、二维码的冲击下,ATM的光环已经失色。2020年,全国ATM数量再收缩超8万台,每万人对应的数量也由2019年的7.87台下降至7.24台。线上化交易大势所趋,ATM行业红利不再。	现象对比(暗)

这就是典型的技术进步倒逼企业转型。	原因分析
ATM厂商如果没做快速转型,必然死路一条。而这种转型最好在互联网支付出现之前就开始构思,或者在互联网支付刚出苗头的时候就着手自我革命。技术进步带来的行业冲击每天都在发生,未雨绸缪,才能勇立潮头。	促动行为

 本单元打卡练习

请参照本单元的两个演讲绽放案例,结合自己演讲的某个主题,按照"现象对比—原因分析—促动行为"的方式设计演讲绽放的逻辑结构。

4.1.6 演讲绽放的结构之六

做概念、理念类的主题演讲,比如积极心态、爱岗敬业等话题,因为概念较抽象,就有必要用"导入概念—解剖节点—演绎场景—倡导应用"四个层级来做演讲内容绽放。

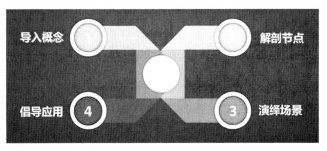

【演讲绽放范例】

关于什么是幸福,很多人都有不同的阐述、不同的理解。有央视记者多年前做街头拦截访问,以"你幸福吗?"提问,得到各种五花八门的回答。有人说:"我不姓付,我姓张。"记者问他:"你满足吗?"他说:"我满足。"记者又问他:"你为什么满足?"他说:"因为我爸满足。"这位记者很诧异:"你爸满足,难道这个都能遗传给你吗?"那位先生提出:"因为我爸是满族的,我当然也是满族的啊!"当然这是搞笑的段子了。有的人在说自己幸福或不幸福的时候,也许连幸福的内涵和定义也不知晓。

幸福的内涵到底是什么?我翻阅不少资料之后,直到有一天,看到爱尔兰作家巴克莱对幸福的界定标准,让我眼前一亮!巴克莱说幸福具有三要素:有希望、有人爱、有事做。

那你判断一下这三要素是否都满足,如果都满足,恭喜你,你是幸福的!

第一条,有希望。你对自己的未来有什么畅想吗?这就是有希望的标志之一。咱们中国经济蓬勃发展,已经是全球第二大经济体,绝大多数行业都是很有希望的行业,在不断做大做强。你所在企业能给员工安排类似这样的演讲或培训,那对员工就是一种激励和成长支持,说明公司也很有希望,所以第一条是符合的。

第二条,有人爱。"有人爱"有两种解读:你有爱的人,也有人爱你。我想每个人都有关爱的人,你愿意为他们付出,如你的父母、爱人,他们也都关爱着你,当你想到这些的时候,就会能量满满。在公司里能得到同事的关爱、业务上的支持,公司的团建活动等都是关爱员工的体现,所以第二条也是符合的。

第三条,有事做。有事做吗?有人可能说:"哇!做不完的事,开不完的会,难道这也算幸福吗?"当然了,在这个竞争激烈的时代,有份体面的工作,的确是幸福感的一部分。就像我这份工作,大学同学聚会时有人说:"哎,你怎么还在做培训啊?这是个体力活儿,辛苦啊!"我听了之后心理五味杂陈,其实我想告诉他:"你觉得上课累,为了有课上,更累!"一般的企业培训都要多方比较,筛选老师,之后才能进入师资库。好不容易进入师资库,一放就是好多天、好多月,甚至好几年,终于有一天,一个微信、一个电话过来告诉你:周老师,有公司请你上课!满心欢喜,精心准备,认真备课,来到现场尽全力讲好。一上完课,马上就打分,一旦讲砸了,很快圈子里就会传开,课量就会有很大波动,甚至连生计都变得岌岌可危。有事做的确是幸福感的重要组成部分。这么一看,第三条也符合。

三条都符合,恭喜你,你是幸福的!那既然是幸福的,我们就要知福惜福,知道这种幸福,才会珍惜这种幸福,热情洋溢地过好每一天,热情澎湃地做好每一天的工作,爱岗敬业,与公司共同成长!

请分析你某次演讲中涉及的概念性、理念性内容(如积极心态、爱岗敬业等),或需要导入概念进行诠释的专业知识点(如数据挖掘、融资融券、现金价值等),应用"导入概念—解剖节点—演绎场景—倡导应用"的结构,设计演讲内容的绽放。

4.2 工作汇报的突破

4.2.1 语言冗余型及其突破

1)突破冗余两部曲

工作汇报就是一种场景化演讲。

汇报人讲述某项自己思考已久、日常推进的工作,必然驾轻就熟,讲得洋洋洒洒,但听众则不同,因为日常工作范围不同,思考的深度、广度不同,对汇报人所讲内容的理解就会有不同。

因此,汇报人汇报内容时要给听众搭配"消化时间",汇报时尽量使用简单句而非复杂句,语言也有必要常用类比等手法作为"消化酶",确保听众同步理解、达成共识。

以下这样的语言,就不适合用来做工作汇报:

科学地设计销售模式使之完美地匹配你的业务,是所有成功销售的第一步。

这段文字即便汇报人讲三遍,听众也不一定知晓其要表达的意思,原因不在于听众,而在于汇报人讲的这句话是复杂句而非简单句。

"主谓宾、定状补,主干枝叶分清楚",基于表达中"先整体再局部"的原则,简单明了地说明意思,就是要先说出主谓宾,即:匹配业务的销售模式,是成功销售的第一步",再做简化"销售模式是成功销售的第一步"。这句话已经比较简洁,但如果使用类比手法,就会让人印象更加深刻,如"销售模式是销售的基石"。

当演讲者说"基石"这个词的时候,听众的脑海中会有一个具象化的脑补画面,那就是一块踩在脚下的作为基础的石头,这个画面感是有助于记忆的。

```
科学地设计销售模式使之完美地匹配你的
     业务，是所有成功销售的第一步。         复杂句变简单句

         ↓

     销售模式是成功销售的第一步。

         ↓                              类比或隐喻手法应用

        销售模式是销售的基石。
```

调整后句子是：销售模式是销售的基石，简洁明了，有画面感，听众更容易记忆。这就是突破表达冗余型的两个步骤：第一步，变复杂句为简单句；第二步，使用类比或隐喻的手法。

【突破语言冗余案例】

> 作为新部门，在过去的一年里，我们大胆地尝试了很多以前没有做过的市场推广措施，以前这些都是总公司的市场部门负责，现在我们也在尝试，如制作新产品宣传动画，制作公司及产品宣传PPT对外发布，拍摄产品在工厂内生产的每个环节的视频等，但是并不是每个举措都带来了客户的积极反馈。在未来的一年，我们会继续推进过去一年好的举措，研究新的可实践的举措。
>
> 第一步，概括总结，变复杂句为简单句。
>
> 在过去的一年，我们推出的市场宣传举措有产品宣传动画、PPT及视频，在未来的一年，我们将丰富举措，评估效果，持续优化。
>
> 第二步，应用类比或隐喻手法。
>
> 去年我们的市场宣传是通过产品动画、PPT及视频"三管齐下"，今年我们将启动市场宣传的"二级火箭"，丰富举措，评估效果，持续优化。

本单元打卡练习

> 请在汇报、演讲中将以下这句话按"突破冗余两部曲"进行优化，做到凝练、简洁的表达。
>
> 实现内外饰一体化设计，最终实现降低项目成本、缩短开发周期、减少占地面积。根据公司标准，结合各供应商的标注，制定测量标准数据库，实现测量系统设计的标准化及后续项目的再利用。

2) QRAS 四部曲

在公司会议中经常会有这样的场景:有的人汇报得洋洋洒洒,但被领导突然间打断,问了句:"就问你到底想说什么?"显然这句话的意思就是说刚才汇报得不够清晰,只是喋喋不休,但逻辑不清。有的人汇报完工作之后领导马上表态,给予人力、物力、财力的支持;有的人汇报完工作之后,老板一言不发,眉头紧锁,过了一会儿说了三个字"下一位"。可以想象一下刚才汇报的那一位心里是怎么的七上八下和忐忑不安。

职业人士说话特点不在于说得多长,也不在于用词多么华丽、多么光怪陆离,而在于说话的结构和层次如何,正所谓"层次为先"。

比如,汇报后希望领导给予人力、物力和财力的支持,可以用"问题—原因—举措—建议"四个层次来做汇报。

【工作汇报范例】

> ⊙ 李总,我们在客户价值评估项目实施中发现一些客户名称规定方面的问题,如中国工商银行和工商银行系统会识别为两个客户。
> ⊙ 这主要是因为2020年之前系统的录入规则口径不统一而造成的。
> ⊙ 我已经安排人员在建立客户名称规定规则了。
> ⊙ 但合并工作量比较大,人工操作估计项目要延长三个月才能完成。您看我们要不要请技术部配合支持一下,开发一个外挂程序,估计需要6人一周就能开发完成,这样可以确保我们的客户价值评估项目按期完成并上线运营。

这段汇报当中有四个层次,分别是问题、原因、举措、建议,用英文单词分别来说就是 question、reason、action、suggestion,当然,看起来四个层次很简单,每个层次当中还有若干的要素需要把握。

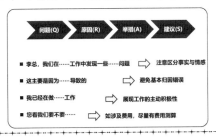

第一层次：问题。

这里主要说明我们在什么工作当中发现一些什么问题。之所以要说明在什么工作当中，是为了说明背景，方便对方理解，如果不说明背景，那同样一句话理解可能会千差万别，容易产生理解歧义。同时，在讲问题的时候，要注意区分事实与情感。人是情感动物，很容易带着情感来说话，而在开会汇报的时候以及演讲的时候，我们需要厘清事实与情感。

这种情况在公司开会时比较容易发生。比如，开会讨论某一个问题，大家依次发表了自己的见解，轮到张三发言时，他这么说："我客观地说一下。"你觉得客观吗？这一听就很主观，最主要的是这句话把一屋子人全得罪了。"我客观地说一下"潜台词就是说你们说的都不客观，听话听音，听的就是潜台词。

假如我们把纯事实称作事实，把混杂了情感的事实简称情感。请区分以下这些话，哪些是事实，哪些是情感。

（1）老张配合度太低，简直没法一起工作。

这显然是情感而非事实，因为配合是两个人的事情，一个巴掌拍不响，你觉得老张配合度太低，但有没有想过自己对老张的配合度，有没有做过哪些调整。

（2）小刘上班总是迟到。

这依然是情感，假如说小刘上个月迟到三次，那就叫事实，而"总是"，就是贴了标签，戴了有色眼镜看问题，显然已经不是纯事实。

（3）领导莫名其妙地批评了我一顿。

这依然是情感，你觉得莫名其妙，领导一定觉得很有道理。

（4）张先生总是小题大做，一点小事就来抱怨。

这依然是情感，这句话中的事实是"张先生来抱怨"，你觉得小题大做，张先生可能觉得对他影响很大，不是小事。

从以上几个案例来看，人们很容易带着情感来说问题，因此在汇报工作的时候先要厘清事实与情感，客观真实地表述。

第二层次：原因。

对问题的原因分析也容易掉入一个雷区,那就是基本归因错误。基本归因错误是心理学中的一个概念,在工作生活当中这种情况也很常见。

比如,很多公司员工迟到之后找的理由都很相似,排名靠前的原因之一就是"堵车"。明明员工向领导汇报说我迟到的原因是堵车,可你知道领导心里是怎么想的吗?大多数领导认为主要还是因为该员工起晚了,两个人对事情原因的归纳是不一样的。

再如,这些年不少城市房价上涨,有的人因为买房比较早,房价上涨之后他的资产大幅度增值,在他看来之所以资产增值,主要原因是很有眼光,当年高瞻远瞩、力排众议,做了一个英明决策——买房。可在别人看来,他的资产之所以增值,主要是因为运气好。假如房价下跌了,他资产缩水很多,在他看来,之所以资产缩水,主要是因为运气不好,而在别人看来主要是因为他没有眼光。

这就是基本归因错误:行动者容易把成功原因归于自己,而把失败原因归于环境;而观察者正好倒过来,他容易把成功原因归于环境,而把失败原因归于行动者本人。知晓基本归因错误,我们在问题的原因分析时,就可以相对更加客观。

第三层次:举措。

"出现这些问题之后,我已经采取了哪些举措",最主要是为了体现工作的积极性和主动性,不是有问题就知道汇报给领导,被动地等领导给了资源支持之后才行动,而是在还没有得到领导给予资源支持的时候,就已经采取了相应的行动,自我挖潜,这是工作的"态度分"。

第四层次:建议。

建议即建议领导提供哪些支持。在提出建议的时候要做相应的测算或询价,如人力的测算或者费用的测算等。如果只有定性的汇报,没有定量的测算,那领导很难做出决定,这样的汇报也就很难得到通过。

问题、原因、举措、建议，QRAS四部曲，让工作汇报凝练、有序、更高效。

【工作汇报范例】

> （Q）马总您好！最近我们的A项目开发进度比计划进度滞后了一个月，按目前进度会影响到项目最终的上线、验收，可能有违约风险，并影响后续项目续签。
>
> （R）项目延期的主要原因是项目相关开发人员一直未到位。
>
> （A）我已经和开发部沟通过，目前公司处于年底项目收尾阶段，之前计划到位的相关开发人员还在原有项目中担任项目收尾工作，无法抽调人员。
>
> 另外也和公司人事经理沟通过，希望他可以通过外部招聘或者从其他项目组抽调相关人员，但由于目前是招聘淡季，应聘人员比较少，得到的回复是有合适人员他会第一时间通知我。
>
> （S）考虑到A项目进度滞后可能给公司带来的影响，建议公司本月先抽调三名技术骨干先行参与到A项目中，并同步通过猎头渠道招聘开发人员。

本单元打卡练习

你所负责的某项工作，需要得到领导人力、物力或财力的支持，请应用QRAS四部曲设计汇报演讲的四层次话术。

4.2.2 主题宽泛型及其突破

汇报语言强调精准，要避免宽泛。与会人员一般来自公司各个部门或分管不同的业务条线。销售部门汇报，现场如有HR管理者在场，就不能说"新人培养"，而应该说"销售新人培养"；现场有公司高管，研发部门的汇报就不能只是说"创新"，而应该说"产品研发创新"。这样表达是为了避免听众理解有歧义，也为了汇报的主题聚焦和内容聚焦。

比如,做半小时左右的演讲,主题叫"创新",显然就不够聚焦,而如果叫"新生代管理创新""销售渠道创新"就相对聚焦;用"时间管理"做演讲主题,就不如用"职业人士的时间管理"做主题更聚焦;用"流程管理"就不如用"节点清晰的流程管理"做主题更加聚焦。

聚焦是为了确保主题细化,演讲有深度,有落地性。就如同去医院看病一样,越是好的医院,其最专长的科室一般也分得越细。

4.2.3　数字堆砌型及其突破

彼得·德鲁克说过:对抽象事物的管理,你的数字化水平在哪里,管理水平就在哪里。

汇报工作,数字不可或缺,不过往往容易出现的问题不是缺数字,而是数字堆砌,高密度呈现,难以理解,缺乏数据提炼。

大家请看汇报时用这样的表格,有哪些问题?

某公司回款情况统计表

回款情况	A 分公司	B 分公司	C 分公司	D 分公司	小计
2020 年回款/万元	45433	22788	8871	3058	80150
2021 年回款/万元	43320	24142	11177	5444	84083
2021 年与 2020 年回款情况比较/万元	−2113	1354	2306	2386	3933

表格中罗列了 2021 年、2020 年 A、B、C、D 四个分公司关于回款的 15 个数字,呈现完之后,未能清晰地得出结论,不够一目了然。同时,因为各分公司业务数据差异较大,可比性也不是很强,显然这里使用的数据口径不合适,用各分公司的回款率指标要比回款额指标更有意义。另外,图的方式要比表格的方式

更直观。

突破数字堆砌,需要审视"PowerPoint"的内涵。微软公司在20世纪90年代给幻灯片软件起名"PowerPoint",我想一定是独具匠心的。

Power,力量,在这里解读为视觉冲击力。Power在工作汇报中的第二种解读,就是语音感染力,讲解时要重音突出,语气自信,声音有穿透力,在听众大脑中留下更深的印象。Point,就是观点的意思,将数据提炼分析后的观点清晰地显示、讲解出来。

Keynote的含义与PowerPoint也是异曲同工,关键的笔记、关键的记录、关键词等。

演讲中的数据呈现,一般要遵循以下几项原则。

1) 眯眼原则

听众无须对PPT上的文字逐行阅读,只要眯着眼睛看一眼,就知道关键词、结构图,就能大体知道演讲者要讲的结论,继而详细聆听演讲者的讲述过程。比如上文某公司回款情况统计表,如果用饼图、柱状图、趋势线等显示,就更直观明了一些,更具有直接的决策参考价值。

2) 如数家珍

数据非常微妙,当汇报者吞吞吐吐、边看资料边讲数据,那数据只能是生硬枯燥的数据,让听的人昏昏欲睡,无法产生说服力。可是当汇报者对数据如数家珍地脱口而出时,数据就具备了强大的说服力,与会人员的兴趣被抓住了,思维同步,理解深入,印象深刻,自然结论和观点更易接受,汇报的目的也就达成了。

3) 数据对比

孤立数据的本身并不具备太大价值,就犹如你只看到某只股票某个时点的股价一样,不能据此做出买入或卖出的决策。需要看趋势线,这只股票5日均线、10日均线等,再做决策。同样,汇报中好数据、差数据的对比,就更容易得出结论。

4) 数据提炼

数据提炼后,观点需要清晰、简洁地显示在PPT上。

4.2.4 时机不当型及其突破

万物皆有时,时来不可失。工作汇报也非常讲究时机,一般来说有以下六个时机需要把握。

1)汇报的第一个时机是刚做好工作计划时

这时候汇报是希望上司指出工作方向上的偏差,确保接下来做的工作方向正确,既避免做无用功,又避免误事。汇报的时候要提出多种方案,进行多维对比并提出自己的选择性建议。如果只提一种解决方案,在工作汇报时听到不一样的见解和思路时,这种方案极有可能被否定;但如果说有两种或三种方案且各有利弊,那汇报后方案就相对容易通过,同时也彰显了汇报人的深度思考和系统思考。

2)汇报的第二个时机是遇到无法解决的困难时

当你和同事都无法想到解决方案时,向上司汇报遇到的困难和你的思考。你和同事同处于一个团队当中,"团"字有很多内涵,其中一个内涵就是凝聚人才。彼此都是人才,当你碰到困难的时候,要做好同事间的沟通,争取得到同事的支持,如果探讨下来都找不到解决方案,这时候有必要向上司汇报。另外,需要做跨部门协调时,或因情况变化需要更多资源支持时,碰到未估计到的较大困难时,都需要向上司汇报。注意:汇报不仅是反映问题,而且要提解决思路。

3）汇报的第三个时机是达成阶段性成果时

这时候汇报是为了让上司看到事情是在有序往前推进的，让上司对进度放心，并对你的工作主动性表示满意。这个阶段的汇报可以酌情采用邮件、微信或口头的方式，汇报是否落实时间进度，汇报本阶段的主要工作事项以及下阶段的工作计划，展现工作的主动性、责任感，以及能独当一面的能力和特质，在汇报中尽量多体现团队力量。

4）汇报的第四个时机是出现意外情况时

出现意料之外的情况，或外部环境发生重大变化，这时资源投入往往需要做调整，需要及时汇报，提出建议，让上司综合权衡。

5）汇报的第五个时机是超越自己决策权限时

超越了自己的决策权限，不要轻易自作主张，否则既对上司不尊重，也不利于工作协调。

6）汇报的第六个时机是工作全部完成时

工作全部完成后，上司知不知道我们完成工作和我们是否汇报是两回事，汇报是流程，也是商业伦理的一部分。

本单元打卡练习

请分析以下的工作汇报，找出汇报时机和汇报内容的不足。

罗经理在周一工作例会上，安排小吕在周四下班前将今年新增客户的信息全部导入KA（重点客户）系统，并在完成客户价值评估后进行分类。

小吕周三上午开始做这项工作，发现导入的客户信息因为来自不同系统，客户名称定义不统一，导致同一客户会被系统识别为多个客户。另外，KA系统有些操作权限他没有，无法操作。小吕发邮件给罗经理反映了情况：因公司多个系统数据口径不一致，导致客户识别有误，此项工作较难实施。

4.2.5 含义不清型及其突破

在某企业内训中，我看到一位中层管理者汇报的PPT中有这样一句话：SAP、Infor等系统并存，提取客户价值评估数据存在一定难度。

这句话理解起来有很多含义：第一，因为这些系统并存的原因，数据无法提出。第二,因为这些系统并存的原因,数据提出的时间较长,要比正常操作花更多时间。

现场经与该管理者详细沟通,发现真正的问题是"SAP、Infor 这两个系统并存,且两个系统的数据口径不完全一致,导致提取的数据不一致"。

比如,"总部与各分公司间的数据传输不足",这句话依然没讲精准,有多种理解:

(1)公司的数据带宽限制了总部与各分公司的数据传输。

(2)分公司给总部的汇报不全面,数据传输不足。

(3)总部与分公司间信息沟通做得不到位。

经详细沟通之后,了解到的情况是:总部与分公司的数据库结构落后,导致很多当天的数据不能共享和上报。

针对理解歧义,可以在汇报前自己提出几个问题,类似于沙盘推演:

- 我想反映的问题是什么?
- 这个问题是什么原因导致的?
- 我希望的解决方案是怎样的?
- 我希望问题解决后得到的结果是怎样的?
- 我希望问题什么时候能够解决?
- 我对问题解决有哪些建议?

4.2.6 案例缺失型及其突破

说明举措的有效性,需要案例支撑;

说明工作的努力程度,需要案例支撑;

说明问题的严重程度,需要用案例;

说明市场的良好凡响,需要用案例;

说明客户的真实反馈,需要用案例。

案例如同墙砖,在建筑框架的每一部分都需要填充。

诸如下图的汇报,在很多企业的工作汇报中并不鲜见,这样的 PPT 该如何汇报?照本宣科读一遍,听众犹如嘴里嚼多块压缩饼干,比味如嚼蜡的感觉更差,聆听的兴致也全无。

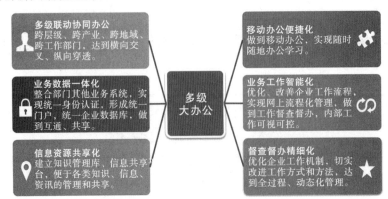

图中右侧第二个框图"业务工作智能化 优化、改善企业工作流程,实现网上流程化管理,做到工作督查督办,内部工作可视可控",这一模块的内容就非常有必要举例说明。用案例来说明"多级办公系统"是通过什么原理或机制实现"业务工作智能化"这样的功能,已经实现的某个功能场景是怎样的。如果会议时间允许,图中的六个模块都需要举例说明,并将本页内容分拆在多页PPT中;如果会议时间不允许,那应该至少对其中一个功能模块举例说明。

一般情况下,从汇报的时间和PPT页数上就能判断是否有"案例缺失型"问题,如10分钟汇报,用了10多页PPT甚至更多,汇报时就很难穿插案例,自然不能叫"汇报",准确来说只能叫"领读"或"朗读"。案例考验的是汇报人员对底层业务的了解情况,考验的是汇报人员是否有务实、扎实做事的职业精神,所以无论汇报人员是基层、中层、高层管理者,都需要了解若干具体案例。

具体案例和业务细节对管理者来说有多么重要,看看维珍品牌创始人理查德·布兰森在《维珍创业经》中的描述就知道了。

我定期检查维珍旗下各公司的网站,看看花多长时间才能找到客服热线号码。如果必须点击多个网页才能找到客服热线,那该考虑重新设计网站了。在客户抱怨处理方面我了解到这样的情况:2010年冬天,由于天气恶劣,再加上本身就超负荷运营的小机场设备及人手不足,维珍美国航空的乘客们在纽约州北部的一条跑道上进退两难,被困长达

数小时。首席执行官戴维·库什给很多受困乘客打了电话,他表达了诚挚的道歉,并送出了日后搭乘航班的优惠券,这种亲历亲为的应对措施使很多旅客不满情绪得以缓解,也成为媒体争相报道的重要内容。

我一直在尽力阅读尽可能多的投诉信件,以了解我们企业在哪些方面应该做出改进。我在推特、脸谱网、Google Plus 等社交网站上的粉丝,也经常给我提供反馈意见。看起来微小的改变,就会给客户带来良好的感受。

突破"案例缺失型"的方法

- 对每个项目符号下的内容,汇报人要清晰了解,能够具体表达。
- 每页 PPT 中至少得准备一个具体、翔实的案例。
- 汇报人对案例要从前因到后果了解透彻,并能凝练、生动地讲述。
- 对每页 PPT 能用 3 分钟以上的时间讲解,具体汇报时根据汇报对象、汇报时长、汇报形式做主次搭配、时间分配。
- 每页 PPT 正文不超过 8 行文字,字号大于 18 磅。

请打开你以往工作汇报的某份 PPT,任选其中一页,用 3 分钟以上的时间来做讲解,至少嵌套一个案例、故事或场景在其中,并生动、凝练地表达。

4.2.7 提问语塞型及其突破

汇报工作,不是讲完就结束,讲完后回答与会人员的提问也是重要的一环。回答得好,锦上添花;回答得不好,等而下之。

遵循一定的思考方法,会发现汇报后的提问应答其实有章可循。抛开纯技术、纯业务方面的提问,大多数管理类的提问无外乎来自以下一些方面。

Q1:这项工作和公司年度总体工作要求或目标的关系是怎样的?

此即为何做这项工作。部门的每项重点工作,一般都是对年初公司工作会中确定的发展战略的"条线解码""职能解码",因此汇报时首先要明确做本项工作的缘由或初衷。

Q2:这项工作是否有过调研、试点或实验?

一项卓有成效的工作方案,往往不是仅仅在写字楼、设计室里构思出来的,需要经过调研、试点或实验(制造业往往会涉及实验),让其风险更低、落地性更强。

Q3:这项工作实施的预算大概是多少?

预算是深度思考的体现,没有预算往往是因为对市场缺乏了解和没有询价。举措如果是定性而非定量的,如"加大市场宣传力度",不说明投入多少市场宣传费用、通过哪些方式获得渠道宣传,管理层就很难做出决策判断。

Q4:这项工作需要其他部门配合做哪些具体工作?

汇报后要形成会议纪要,如果光凭现场讨论,容易漏掉一些关键要素,汇报人要明确地列出这项工作需要其他部门配合做的具体事务,这时候讨论才能聚焦,上司更方便做安排和协调,会议效率才会更高。

Q5:这项工作属于"价值-难度"象限中的哪一个?

假如把为实现某一工作目标的举措尽可能多地罗列一遍,多个举措一般分布在以下四个区间:A 表示"难度低-价值高"的举措;B 表示"难度高-价值高"的举措;C 表示"难度高-价值低"的举措;D 表示"难度低-价值低"的举措。

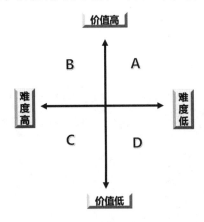

"价值-难度"象限图

分布在 A、B、C、D 四个区间的举措需要做排序,列出费用和资源使用的优先级。

显然,举措罗列之后,可优先考虑实施 A 区间的举措;接下来分布在 B、D 区间的举措,也即"难度高-价值高"和"难度低-价值低"的举措,先做哪一个,有点纠结!

B、D 区间的举措先做哪一个,与听汇报的对象有关。如果听汇报的对象是公司高层管理者,那自然是 B 优于 D,因为要抓大放小,先做"难度高-价值高"的举措,再做"难度低-价值低"的举措;如果汇报对象是公司中层或基层管理者,D 优于 B,也即先做"难度低-价值低"的举措,再做"难度高-价值高"的举措,因为先得确保工作能开展起来,有些成效。最后讨论 C 区间的举措,C 区间举措属于"难度高-价值低"的举措,那就舍弃不做。C 区间的举措虽然要舍弃不做,但也有必要在汇报时说明,这体现了汇报者缜密的思考和推理。

你向上司申请开展某个项目,需要费用及资源支持。请根据以上的五个问题,对汇报内容做完善和梳理,确保汇报后的提问应答有预案。

4.3 竞标演讲的章法

4.3.1 竞标演讲的章法之一

招投标演讲,不能一套标书、一个版本、一个讲法到处用,因为每个客户的需求都是有差异的,每个客户都认为自己是"客户化"的。竞标演讲需要在深入了解客户需求的基础上才能做到"客户化",才能体现"定制感"。

无论产品多复杂、方案多庞大,甲方给予乙方的竞标宣讲时间很少超过30分钟,大多数是"15+5"模式,即:讲述 15 分钟,答疑 5 分钟。15 分钟,讲的文字在 3300 字以上,要想竞标成功,做到分钟级的演讲设计必不可少。

基于"以客户需求为中心"的原则,可以按照以下五个步骤设计竞标演讲的逻辑结构。

竞标演讲的五个问题

1)客户为什么要购买××产品或服务

这个问题的核心在于了解客户的底层需求、实际用途,也即客户碰到了什么情况、面临什么问题、因为什么用途而采购××产品或服务,而不能只看邀标书中写的需求。因为邀标书中的需求一般写得比较概括或简要。

如同样是低压开关柜的采购,可能是冶金行业的企业采购,也可能是矿山、石油、化工、轻纺、建材、机械加工、交通运输、宾馆、房地产、银行等行业企业采购,即便明确了客户所在行业,也得明确是一般办公场所使用,还是机房使用,那对可靠性的要求也有差异。

基于了解客户实际用途来做竞标演讲准备,客户自然感觉这个乙方很"懂"他,方案匹配度自然更好,中标概率也会更高。

2)客户选择××产品或服务时最在意什么

不同企业采购某一产品,关注点的优先级次序有所不同。一般来说,大客户关注度优先级依次为品牌、质量、以往成功案例,普通客户关注度优先级依次为价格、交期、售后服务等。客户的关注点次序,就是竞标的内容次序。

甲方评标时,较大的企业的评标小组成员一般来自采购部门、技术部门和使用部门。采购人员对产品相对陌生,关注度优先级一般为"价格、交期、服务",使用部门和技术部门关注的次序一般为"功能、质量、售后、技术支持"等。演讲者要根据客户实际情况,将以上的关注点覆盖到,并做到重点突出。

3)客户最需要的产品或服务是怎样的

一般厂商的产品或服务往往是一系列的,如何给客户匹配合适的产品或服务,也需要结合客户需求做分析。

显然在竞标过程中是无法与客户进行需求探讨的,所以这些功课都要提前做,接到客户的邀标书后详细梳理、厘清需求,必要时再电话或邮件沟通,确保对需求把握得精准有效,继而产品或服务契合度更高。

竞标过程中,要将了解到的需求按轴线或主次关系呈现。如给出租车公司下属的汽车维修企业销售汽车机油,竞标时就要分析车型、日常行程里程数、所在地区路况、工作的工况、所在地冬季的最低温度等,继而是匹配5W-40、5W-30,还是0W-40型号的机油(不同型号机油的抗低温性能、黏稠度、使用场景有所不同),同时简要说明机油型号的含义,确保甲方人员能充分理解竞标内容。

4)客户为何选择我们公司的产品或服务

接上一话题,给出租车公司下属的汽车维修企业销售汽车机油,能提供诸如5W-40、5W-30、0W-40型号的机油品牌企业很多,客户为什么选择我们公司的产品或服务?这时候要讲出公司产品、服务的优势与亮点。

竞标演讲中讲产品、服务的优势要结合销售方法,要从产品和服务的特征、优势讲,讲到产品和服务带给当前客户的利益点。

如某机油是全合成油,有独有研制的配方,这是产品特征,并不是客户最感兴趣的;继而说出产品这个特征的优势所在,即可以有效清除发动机运转中的积碳和油泥;再说出这种优势带给客户的利益点,即可以提高车辆动力性能,减低油耗和磨损,降低车辆故障率和运营成本。这时再加上测算和已有的案例,必然会有强有力的说服力。

5)客户为什么听了我的演讲之后采购

第五个问题,属于"不是问题的问题",是对演讲者的提醒,也就是说同一家公司同样的产品和服务,为什么有的人向客户讲了之后客户就接受了,单子就签下来了,而有的人讲了之后客户并未接受,原因之一就在于演讲技巧的掌握上。

> **本单元打卡练习**
>
> 请选择贵公司的某个企业客户,针对上述的前四个问题,写出答案,作为演讲绽放的素材。

【荔枝哥企业内训故事小记】

> "传统的蒸炉,蒸汽从下往上,容易使食物串味,我们的蒸炉是外置蒸汽发生器,保证蒸汽均匀,食物不串味。8个蒸汽孔同时快速产生并喷出大量蒸汽,食材均匀受热,最大限度保留色泽、营养和口感。蒸烤一体机可以精准控温到每一度,智能程序,操作简单。这个触摸式的操作面板与iPhone触屏相似,并且沾水或潮湿后依然可操作,面板设计寿命长达20年……"郭亮如数家珍地介绍着。
>
> 在美诺(Miler)电器培训,午餐后受邀参观产品展厅,我被这位工程师热情、专业、流畅的产品介绍惊着了。"厉害厉害!业务这么熟悉,你是哪个部门的?"演讲一结束,现场多位听众异口同声地提问。
>
> "我是美诺(中国)东区销售负责人",郭亮平静地回答了一句。数家珍般的产品介绍演讲,显然打动了现场的很多听众,听众也都是美诺(中国)各个部门、分公司选派来参加培训的员工。
>
> 显然郭亮的这一段演讲,征服了听众。

面对客户的竞标演讲(或销售演讲),为了让听众对产品印象深刻,在产品介绍环节一般包括以下几个要素:产品原理、独特之处、数据支撑、案例渗透、效果对比、鼓励行动。演讲者犹如调酒师,根据听众类型、场景差异、时间安排等不同,对诸要素做精心的调制和糅合,并使用类比、举例等手法让专业内容通俗化。

竞标演讲中的产品介绍要素

竞标演讲中的产品介绍要素	某基金产品	某高端油烟机
独特之处与独到亮点	基金特点	油烟过滤后再排放
统计数据的支撑与证明	综合排名	排放的空气纯净度达到98%
典型客户案例及效果对比	收益对比	客户感言或赞誉
采购行为促动	建议申购	建议购买

本单元打卡练习

请根据竞标演讲中的产品介绍要素表第一列中的四要素，对照你所在公司的产品或服务，写出相应的文案，作为竞标演讲的素材。

4.3.2 竞标演讲的章法之二

【演讲绽放案例】

大家有没有发现不同班组生产良品率常有差异？根据最近两个月以来的统计数据显示，不同班组良品率的差异都在5%的波动范围内。	why
设备设施、原材料、生产工艺、生产环境都是一样的，这种差异的主要原因在哪里呢？怎样才能推进各班组的良品率向高水平看齐？	how
我的建议是：人工干预少，产品质量高。 也就是说，生产环节中人工操作的环节越少，产品的稳定性、可靠性就越高，良品率也就越高。因为机器按程序操作是相对稳定的，而人工操作是随机有波动性的，容易产生误差。	观点
如何做到有效的人工干预？显然有必要对现有的生产工艺做优化和改善，尤其是要使用智慧制造软件产品，这样可以大幅度降低人工操作的部分，降低人工干预。接下来让我们一起探讨一下关于智慧制造软件这样的话题吧！	what

这段竞标演讲的逻辑如下：

（1）导入令客户困惑和关心的问题，引起客户共鸣，同时给客户建立"演讲者非常熟悉其企业、了解其需求"的印象。

（2）平滑过渡到第二个环节"如何有效解决这个问题？"，可以讲传统但不理想的解决方案，强化问题突破的必要性。

（3）这时候客户没有观点，演讲者抛出自己的独到观点，用观点打动客户，让客户接受观点。

（4）观点和后面的产品介绍是衔接的，也就是说：客户认可的观点，要落地实施，就和其产品相关联，继而再导入产品介绍。

这样的逻辑是丝丝入扣、平滑衔接的，听众思维是没有跳跃点和断点的，很有说服力。

本单元打卡练习

请根据上图中的四个层级,结合贵公司产品或服务,设计层层递进的说服式竞标演讲三级提纲。

4.3.3 竞标演讲的章法之三

贝索斯在哈佛大学的演讲结束后,一位学生负责把贝索斯送到机场。路上,贝索斯问该学生:"你毕业后想来亚马逊工作吗?"该学生坦言:"我是学历史的,去互联网行业合适吗? 如果亚马逊愿意给我机会,我当然愿意加入这个正在改变世界的公司。"【story **故事**】

贝索斯听到小伙子的回答,非常高兴,他觉得现在互联网行业大多是计算机专业的毕业生,跨界的人并不多,如果换一个思路招人,也许能让亚马逊大放异彩。贝索斯饶有兴趣地问该同学:"那你觉得,从历史角度来看,下水道的盖子为什么是圆的?"

小伙子想了想说:"可能是因为圆形的东西更容易滚到未知的方向去吧!"贝索斯听完之后笑而不答。没多久他就在亚马逊招了一批跨界人才,不拘一格降人才推动了贝索斯连续多次登顶全球首富。

在了解批判性思维之前，我一直很好奇，这些大佬们如何在短时间内获得异于常人的成功？但是在了解了批判性思维之后，又觉得这些都是再正常不过的事情。因为他们大多是有修养的批判性思考者。批判性思维领域的权威学者理查德·保罗和琳达·埃尔德在他们的著作《批判性思维》中详细描述了这类人的特质。【question 问题】

第一，他们善于找到痛点问题，能清楚地将问题表达出来。看起来很朴素的一句话，但是我们不得不承认，在这个世界上，有很多人的表达是词不达意的，明明是希望表达 A，但是却说出了 B 的意思，让人听得云里雾里。贝索斯虽然是一个理科生，但是他却有非常强的演讲能力，在筹建亚马逊初期，凭着几场路演，就从华尔街投资者手上拿到了 30 万美元的启动资金。

第二，能通过收集和评估信息，把抽象内容具体化。贝索斯刚开始的时候想做电子商城，而且是以贩卖图书为主的电子商城。刚开始的时候这只是一个抽象的概念，但是他通过一个月不到的时间就把这些东西写成了路演资料，还让别人能看懂这个项目。【analysis 分析】

现代生活中,很多人成了权威的盲从者,生活的压力甚至让他们失去了独立思考的能力。叔本华曾说"不要让自己的大脑成为别人思想的跑马场",我深以为然,学会批判性思维,才能做独立的自己。如果你觉得你的思路很清晰了,生活还是过得糊里糊涂,整个人生没有重点,强烈推荐你看这本《批判性思维》,反对盲从,做一个真正的智者。

这本书就是可以放在你身边的哆啦A梦,当你困惑时,给你一点小诀窍,让你把生活过得井井有条。《批判性思维》这本书原价59.8元,现在5折优惠,29.9元,用一杯咖啡的钱换一个独立思考的好习惯吧!【product 产品】

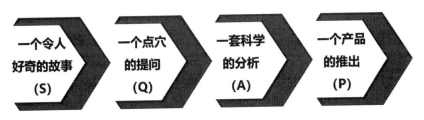

这段文字用循循善诱的方式,通过"故事—提问—分析—产品"四个步骤,影响听众思维,并与听众思维同步。SQAP是竞标演讲的绝佳工具。

> **本单元打卡练习**
>
> 请根据上文中的"SQAP"四个层级,结合贵公司产品或服务,设计层层递进的说服式竞标演讲三级提纲。

4.4 岗位竞聘的逻辑

岗位竞聘怎样讲才能更胜一筹?

有位老学员要竞聘他所在公司检测中心主任岗位,电话与我交流。我问他:"你打算怎么讲?"

他说先做个人介绍,再讲对岗位的理解和认知,最后说如果竞聘成功后的工作设想。我说:"你这样的竞聘演讲逻辑轴线是清晰的,如果说岗位竞聘演讲是 15 分钟的话,那么你打算如何分配时间?"他说每个模块各 5 分钟吧。

这样的内容、时间分配没有大错,但也不会出彩。

我给他的演讲辅导是通过教练式方式进行的。

我问他:"如果你是公司总经理或人力资源总监,你认为检测中心主任最需要具备哪三个方面的能力或特质呢?你是否具备这些?"

他想了一下说:"检测中心主任最需要具备的三个特质应该是:第一,严谨、认真、敢说真话、敢于唱黑脸的能力;第二,良好的沟通协调能力;第三,团队管理能力。"

我说:"很好,那你重点讲对岗位胜任能力的认知,重点讲这三种重要的特质,并用以往的故事或案例证明自己具备这种能力,其他内容次要来讲。"

当然,综合各种因素,他的竞聘成功了。

岗位竞聘演讲如何才能更胜一筹?重点把握三点:意愿、能力和思路。

1)意愿

你所呈现出来的竞聘意愿直接影响评委的感受,意愿不是喊口号,而是对所应聘岗位职责的深度理解与分析,就像你面试前深入了解过用人单位一样,让面试官觉得你是非常认真的,不是来随便撞撞运气的。

2)能力

你过去取得的成绩是对你能力的背书,这种能力包括个人职业精神、业务熟悉程度、团队精神、激发他人的能力等,需要用案例或数字来证明。

3)思路

讲一下如果竞聘成功,未来的工作目标及框架设想。注意是"工作目标及框架设想",不是"工作计划"。尚未踏入这个岗位,就列出计划,听众听起来会有"不靠谱"的感觉,但谈目标及框架设想则很合适。公司一定希望招到有宽广视野、有宏图大志、有清晰思路的人员。

把握三点要素,赢得竞聘机会!

我做过多次的岗位竞聘演讲辅导,归纳了以下的准备素材,供大家在需要时参考。

【岗位竞聘演讲素材准备】

1. 岗位竞聘相关信息。
- 所竞聘的岗位名称、岗位职责、部门职责或分管的业务范围
- 目前的岗位名称、岗位职责、部门职责或分管的业务范围
- 竞聘演讲时长

2. 30秒个人简介(110~130字)。

3. 请概括自己的三个优点及一个不足。

4. 请准备"我与公司",或"我与客户",或"我与团队"的典型故事各1个,用3分钟左右的时间讲述。这些故事能够彰显你的某些特质和能力。

5. 请列出岗位竞聘演讲的三级提纲(1,1.1,1.1.1)及每个模块的时间分配。

- 开场及自我介绍:1分钟
- 工作成绩:5分钟
- 未来工作思路:3分钟
- 结尾:1分钟

6. 请列出你认为所应聘的岗位需要具备的最重要的三个特质。

7. 请说出你能胜任所应聘岗位的三个理由。

竞聘演讲后的提问应对，也是竞聘演讲能否成功的重要组成部分。20/80法则在竞聘的提问应对中同样适用，也就是说，只要非常出色地回答了关键的20%问题，就能达到80%的效果；面试官中20%的关键人物的想法，会对面试结果产生80%的影响。

一位职员竞聘预算管理岗位，面试官了解了他的基本信息后，开门见山地问了一个核心问题："你是怎么做预算的？"

这位应聘者回答："预算制定要结合企业发展战略，体现公司核心战略与工作思路。"面试官听完之后露出满意的笑容。面试官说其他人都想着如何自下而上、统计汇总，只有他心系领导、关注战略、胸有大局，自然这位应聘者获得了这个岗位。牵牛要牵牛鼻子，竞聘应答要说到点子上。

假设你要应聘公司某一个更高的管理岗位，请根据"岗位竞聘演讲素材准备"清单中的七个题目，准备竞聘演讲素材。

4.5 融资路演的结构

融资路演就是创业者或企业代表在讲台上向台下众多的投资方讲解自己企业的产品、发展规划、融资计划等，目的是获得投资方的认可并融资成功。融资路演是商务演讲的一种场景化应用，既需要用到演讲的通用技巧和方法，也需要把握融资路演的相关特点。

先抛开演讲技巧,探讨一下听众的感受对融资路演的重要性。

《合伙中国人》节目中有位创业者是做头戴式视听设备的,路演时自信满满,甚至咄咄逼人,说他们公司要超越索尼公司的 Walkman 和苹果公司的 iPod 创造的历史,要打开美国、欧盟、日本等地的市场,并说了三次自己曾经是超级销售。

当台下几位投资人试戴其产品时,都反馈说有点晕,这时候这位创业者立即解释说这是工程样机,潜台词的意思就是:工程样机没必要做得非常好,戴着感觉晕是正常的。

结果几位大佬听完之后的反馈出奇一致,几乎全是负面评价:演讲者逻辑跳跃、沟通不舒服、缺少对用户感受的尊重、销售热诚高于对产品的热爱……

从演讲风格来说,我认为这位演讲者没把握好自信和谦逊的平衡。一个自信的人如果不谦逊,就会显得自负,而一个谦逊的人如果不自信,就会显得自卑。

1)基于听众视角的融资路演素材准备

(1)请用一句概括你的公司是做什么的?
(2)你公司的使命或愿景是什么?
(3)什么原因促使你创业?
(4)你为何选择这个项目创业?
(5)你是如何分析市场和客户的?
(6)你个人有哪些优势或核心竞争力?
(7)你有哪些有利于成功的外部条件和资源?
(8)你现在做得如何?
(9)你曾经碰到过哪些挫折和困难?
(10)你是如何应对这些挫折和困难的?
(11)你的团队如何?
(12)你公司下一步的发展规划是怎样的?
(13)你拿到资金之后打算如何使用?

思考和准备了以上13个问题之后,融资路演的素材基本准备完成。

2)基于听众视角的融资路演结构搭建

在演讲绽放中,需要遵循"说听者想听"的原则,把投资者最关心的信息前置,这样更容易做到"思维同步"。

融资路演的结构可以按照以下逻辑搭建:背景描述、市场分析、项目描述、资源成本、价值收益、风险规避、团队介绍。

3)融资路演的注意事项

(1)项目背景是有必要优先介绍的,包括本领域内的发展现状、发展趋势分析等。

(2)市场容量是投资者非常关心的,《合伙中国人》节目中,徐小平等投资大佬不止一次提出过"这个项目未来的市场太窄,容量不太有想象空间"。巨大的潜在市场、未来的持续增量是吸引投资者的重要方面。

(3)项目描述是重点内容,可以结合德鲁克经典五问来做逻辑缜密、内容翔实的介绍。

(4)资源成本是对创业者、高管人员运营能力的考验,能测算清楚成本构成,能对可用的资源做有效判断,都是创业成功的重要基石。

(5)价值收益必不可少,在分析完资源成本后,自然应该分析价值收益了。

(6)项目实施中一定会碰到这样那样的风险,相对成熟的创业者能够分析主要风险,有效规避风险,为项目的顺利实施保驾护航。

(7)独木不成林,成就事业需要团队的携手共进,对团队成员介绍也必不可少。

4)融资路演中的内容分工

融资路演中,要精准分工,由不同的人介绍不同的内容。

精准分工、有机融合的路演

- 董事长讲战略 战略及战略解码
- 财务总监讲财务指标 财务指标，数据提炼
- 董秘讲公司治理、信息披露 公司治理，行业领先性，市场契合度，员工满意度

1. 请根据融资路演素材准备的13个问题，准备某个项目的融资路演素材。

2. 请根据融资路演的七层次结构，准备该项目融资路演的三级提纲。

5 细针密缕的演讲细节

5.1 标题吸睛

"标题党"是个贬义词,是指用夸张的标题吸引人点击查看,内容却是非官方来源的小道消息,甚至是严重失实的信息。网络"标题党"推文背后的发布者以此赚取网络点击量和高额广告费。如果内容是客观、真实的,那"标题党"的手法在演讲中倒是有值得学习的一面,因为如果标题不吸睛,听众对内容可能会没有兴趣,从而错过好的演讲。

好的演讲标题,就像好的书名,在一堆书中一下子就能吸引眼球;
好的演讲标题,就像好的电影名字,看完电影很久之后仍然让人记忆犹新;
好的演讲标题,就像一道好菜,除了味道好,名字也让人念念不忘。
确定演讲标题,有必要遵循以下三项原则。

1)演讲者定位恰当

演讲标题既要与演讲内容相契合,也要与演讲者的身份等因素相匹配。如白岩松2009年在耶鲁大学的演讲,标题是"我的故事以及背后的中国梦",他的身份是中央电视台主持人,讲的话题与中国梦有关,他用了以小见大的手法,定位恰当。

2)演讲内容概括精准

标题是对演讲内容的精准概括。一个含糊不清的标题,会给听众带来理解的偏差,甚至产生歧义和异议。比如,要讲中层管理的重要性,用"中层决定一切""中层决定成败"这样的标题,显然夸大了中层管理者的作用,而用"从中层到最好的中层"类似的标题就更妥当一些。

给客服、销售人员讲客户服务对销售的推动作用,用"服务是最好的销售"作标题显然不合适,而用"服务这边 销售那边——让服务成为销售的推进器"则概括得更精准、贴切一些。

3)标题语言通俗煽情

演讲标题也可以用通俗煽情的语言做一句话概括,迸发感染力!

马丁·路德·金于1963年8月28日在华盛顿林肯纪念堂发表的著名演讲"我有一个梦想",标题通俗、感性、煽情,演讲中他连用六个"我梦想有一天",以诗一样的语言和酣畅淋漓的排比句,正面表达了对自由和平等的渴望,抒发了他作为一个黑人内心最热烈的梦想。他呼吁种族平等、人格尊严和兄弟般的情谊能早日到来!文字情感充沛,具有极强的感染力。

以下演讲标题,是我给学员做演讲辅导的一些案例,请对比感受标题吸睛度。

- "时间管理"VS"给时间不够用的你"

"时间管理"很直白地说明是讲时间管理的,不过很多人感觉自己会管理时间,或者自己不需要学习时间管理,或者也有人认为工作都是领导安排的,自己没法管理。

"给时间不够用的你",听众一听,就觉得和自己有关联,尤其一些日常想做好工作和生活平衡的人,一看这个标题就知道是讲给他听的,自然参与和聆听的兴趣就更高。

另外,前者是平铺直叙型的标题,平淡无奇;而后者是直击痛点型的标题,标题本身也在激发和引导听众需求。

- "数字孪生巩膜 近视防控新技术"VS"以脑治眼——近视防控的新技术"

前者没有说明技术亮点,只说明是新技术,不知道是否是革命性的新技术或者另辟蹊径的新技术。

后者则概括出了技术的核心内涵"以脑治眼",一看就属于创新的技术,听众想一听为快。

- "基于物联网人工智能的智能烧烤机器人项目"VS"小烧烤里的大世界——物联网智能烧烤"

前者标题使用的是技术性语言,有点科研报告的味道,激发不起投资者对其未来发展前景的思考。

后者用"大世界"折射了市场前景,用"物联网""智能"等体现了其技术含量和市场壁垒,是投资者更希望看到的。

- "蓝光材料行业专家"VS"三分天下有其一——做全球蓝光材料的领跑者"

前者偏技术性,从投资者角度来说看不出潜力大小,看不出技术的独有性。

后者点明了技术的权威性、潜在市场的大小,更用副标题做了更透彻的解读和诠释。

- "好品质好生活——如何为顾客提供优质的生鲜产品"VS"'三做'实现优质生鲜"

前者主标题、副标题都未对演讲内容的核心思想进行概括,也没有悬念,同时标题有些长,比较拗口,听众不容易记忆和传播。

后者凝练,朗朗上口,同时概括了核心点是"三做",引导听众按图索骥地去聆听。

- "稀里糊涂的我——通过永不放弃成就了我的事业"VS"不放弃就有奇迹"

前者文字冗长,凝练度不够。

后者用观点做标题,前后押韵,容易朗读,容易记忆。

- "大数据分析"VS"数海掘金——大数据分析对决策的支持"
- "云计算的应用"VS"化云为雨——云计算的应用价值"
- "华东分公司工作汇报"VS"重点抓好量价款——华东分公司工作汇报"

以上这些看似微小的调整,可以给听众带来兴趣和感知的大差异。

好的演讲标题,要做到以下四点:

(1)与听众紧密关联。如:给时间不够用的你。
(2)对内容做精准、高度、直击人心的概括。如:三分天下有其一。
(3)凝练的表达。如:以脑治眼。
(4)应用对比,增强吸引力。如:小烧烤里的大世界。

本单元打卡练习

请根据确定演讲标题所遵循的原则,并参考本单元的案例,对你的某次演讲标题做优化。

5.2 了解听众

"说听者想听的"是做好演讲的一个重要原则。在演讲准备过程中,了解听众有助于做到演讲的内容精准、传播高效,了解的信息包括听众构成、听众需求、听众碰到的问题、听众年龄构成、听众性别比例等。

比如，员工执行力不强，一定要做"执行力"主题的演讲吗？显然答案是"不一定"，这时候就有必要了解执行力不强最主要是哪些因素所导致的，再根据这些信息来拟订针对不同岗位执行力提升的演讲内容。

再如，演讲对象是销售岗位的，主办方说要听压力情绪管理主题的演讲，了解下来之后才知道销售代表的压力之所以大，主要是销售技巧不足而导致的。那演讲内容就不能仅限于压力情绪管理方面，而要将销售技巧和压力情绪管理的内容相融合。这样的演讲才是匹配需求的，是能落地和解决实战问题的。演讲前对听众的了解和调研，是对演讲问题的聚焦和梳理，同时也是内容精准匹配的基石。

根据听众需求差异，确定演讲的目的。

演讲的目的是多元化的，有改变观念态度的，有提高综合能力的，也有传播知识的，概括起来就是"ASK"（attitude、skill 和 knowledge）。

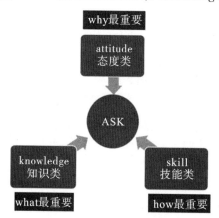

演讲者要根据演讲目的的不同搭配 A、S、K 的内容。一般在一个演讲中三部分都需要，但比例不同。强调改变理念类的，那 A 的比例更高；强调知识传播的，那 K 的比例更高；强调技能技巧类的，那 S 的比例就相对更高。

假如你要面向员工做主题为"5S的办公职场应用"的演讲,演讲时长1小时,请分析 A(观念态度)、S(技能技巧)、K(理论知识)的比例搭配。

5.3 时间分配

在多次的比赛辅导中,我发现演讲选手比较容易出现的问题不是内容太少,而往往是内容太多,时间不够。

很多演讲比赛的时间都限定在 10 分钟或 15 分钟以内,但经常有至少三分之一的选手会出现超时的情况。当然对比赛而言,提前或延迟 1 分钟结束,是在正常范围内的,但再长的话,那就是扣分项了。

为什么会出现时间分配不够的问题呢?主要原因还在于以下几个方面。

1)内容太多

演讲者希望短时间内呈现非常精彩、充沛的内容,往往容易导致深度不够、内容堆砌,自然演讲时间也就不足了。

2)排练不够

演讲,第一个字是"演",那就有必要进行排练。在演讲开始前没有做相应的预演,没有排练,只是思考了一下该讲哪些内容,然后往往前半部分内容密度很高,进度很慢,到了后半部分就匆匆收场。

我自己在踏入职业培训师行业的前几年,也不时出现这样的问题,甚至在从事多年职业培训之后,当开发了一门新课时,在一开始讲述的那段时间也容易出现前半部分进度太慢、后半部分时间不够的情况,这也是排练不够造成的。

3）缺乏时间节点设置

要把控好演讲时间，除了排练预演之外，还有必要设定若干重要的节点，比如说 5 分钟的时候讲到哪里，10 分钟的时候讲到哪里，通过对节点的控制确保对时间的有效把控。

5.4 三级提纲

不少人在做演讲准备的时候，马上会打开 PowerPoint 软件，这显然是不合适的，就像造房子一样，第一步肯定不是打地基而是做设计。

我的建议是做演讲准备先打开 Word 软件，开始列提纲。那为什么要列三级提纲而不是二级或者一级提纲呢？因为一级提纲只有大框架，二级提纲也不够详尽，而四级提纲容易捆住手脚，三级提纲是个不错的选择。

三级提纲就是要扩展到 1.1.1 这个层级，以下是三级提纲的样例：

```
1  高效工作汇报的特点及实现方式
   1.1  有效果
      1.1.1  明确目标，达成共识
      1.1.2  "以终为始"方法应用演练
```

"高效工作汇报的特点及实现方式"是一级提纲，"有效果"是二级提纲，"明确目标，达成共识"是三级提纲。至于三级提纲中的"明确目标，达成共识"该如何去讲，需要有案例，有观点，去引导听众接受。

之所以不建议写四级提纲，是因为四级提纲文字更多，容易形成逐字稿。不建议大家用逐字稿的方式去准备演讲，因为逐字稿很难背下来，而且即便背下来，用逐字稿做演讲让人感觉像是在朗诵。

请列出你某次演讲的三级提纲。

5.5 大料小料

演讲中需要非常多的素材，一是为了开阔听众视野，二是为了引导听众接受观点。如果说三级提纲是框架的话，那素材就是肉。演讲不能太过骨感，但也不能全是素材堆砌没有框架。框架与素材,二者缺一不可。

演讲的素材又称为"料",大的素材称为"大料",小的素材称为"小料"。一场演讲如果全是大料,内容推进很慢,给人很冗余的感觉,听众容易产生听觉疲劳;如果全是小料,给人感觉琐碎,听得不尽兴,理解不通透。所以才需要大料小料相关联。

比如,要诠释"持续满意才能创造客户忠诚"这个理念,先讲一个大料,再加若干小料。

【演讲案例】

> 威廉斯夫人是一位单身女士,60多岁了,每星期去离她家不远的一家超市购物,每次大概买50美元的商品。威廉斯夫人去了好多年,认识这家超市的工作人员,因为他们都戴着工牌。
>
> 有一天,威廉斯夫人在买冬瓜的时候,觉得一个冬瓜太大了,买回去吃不完,放久了也不新鲜,就给农产品主管说:"罗伊,我买半个冬瓜可以吗?"
>
> 显然这个需求很合情合理,但罗伊听了之后,眼睛直直地盯着她,就好像感觉她有毛病一般,持续了几秒钟,才慢吞吞地说了一句"对不起,我们只卖整个的",就拒绝了这个小小的合理要求。
>
> 威廉斯夫人听了心里感觉很受伤,她在想:我把你们当朋友看待,都来了这么多年了,就这点小小要求都得不到满足,我生气了!伤自尊了!不去了!
>
> 从此以后,威廉斯夫人不去这家叫快乐杰克的超市,而去了一家稍微远一点的叫丹玛特的超市。威廉斯夫人不去快乐杰克超市,当然没人知道最近有个顾客不来了。再说了,东方不亮西方亮,你不来自有人来。但我们

换个角度来看,则截然不同:威廉斯夫人每周买50美元的商品,一年是52周,如果是10年,那她购买的商品金额就是26000美元(＝10×52×50)。而最重要的是,一个对产品或服务不满意的顾客,会把这种不愉快的体验告诉10~20人。

咱们姑且不按20人计算,按11人计算(每人再告诉5人,假设放弃去的比例为25%,他们的消费金额相同),这样做了一番测算之后,发现10年之后,快乐杰克超市为这半个冬瓜所付出的代价是44.2万美元!这就是为什么有的企业在几年之内江河日下,而有的企业在几年之内蒸蒸日上。

销售是在获取客户,而服务是在保留客户,获取和保留都至关重要,需要珠联璧合。因此,我们有必要做好服务营销,让持续满意创造客户忠诚。

在我们汽车行业也一样:一个汽车客户如果持续满意,他在4S店做汽车保养、维修所花的总费用,可能接近甚至超过购新车的费用。我们有必要做好每一个环节的客户体验,提高每一个环节的客户满意度。

这段演讲稿当中关于威廉斯夫人的案例就是大料,而后续的关于4S店的案例就是小料。

大料开拓思维,小料引申落地。

大料和小料的次序也没有固定模式,可以先小料再大料,也可以先大料再小料。

大料和小料形成"组合拳",一远一近,一深一浅,帮助听众理解消化和应用。

【案例】

有一次我去天津讲课,在机场休息室休息。机场休息室的饮料、餐点可以吃可以喝,但不能带走,这是基本常识。一位30岁左右的小伙子,带着太太急匆匆来到休息室,一进来就直奔冰柜,拉开冰柜的门,就把冰柜里的饮料往自己包里装。

航空公司一位工作人员坐在边上,熟视无睹。我有点看不下去,就走过去,很委婉地跟这位小伙子说:"先生,这里的饮料、餐点您都可以随意取用,但不方便带走。"我说得还是很柔和的,但这位小伙子一下就爆粗口了,什么咸吃萝卜淡操心。我一看他蛮横的样子,就不和他理论了。

小伙子把饮料装好之后,一转身发现休息室所有旅客的眼睛都齐刷刷地盯着他,他自己也没脸坐下来,就背着包带着太太出去了。

他一走,航空公司那位工作人员跟我讲:"先生,您刚才这样处理是对的。"我说:"咦,你不处理,我处理了,你说我处理是对的。"可这位工作人员接下来讲的一句话让我印象深刻,她说:"刚才那位先生虽然怼了你,但我相信下一次他不太会这样了。"我一听这还很有道理啊。虽然刚才那位先生语言上占了上风,但我的话其实在他心里也起作用了,他下一次大概率就会有所收敛,这就是典型的"心服口不服"。

在人际沟通中,当我们要说服对方的时候,有时候我们的话对方已经听了,但他不一定会表现出来接受,不过他下一次行为会有所收敛。所以,该张口时要张口,说服力总会有!

大料、小料是从素材大小、讲述详细程度来做细分的,也可以根据成功、失败两个维度进行细分。

"小料"(短小精悍的演讲素材)举例:

禅师问:"你觉得是一粒金子好,还是一堆烂泥好呢?"

求道者答:"当然是金子啊!"

禅师笑曰:"假如你是一颗种子呢?"

其实,换个心境,或许你会得到解脱!

含义关键词:心理、视角、解脱、发展

乔布斯并不是PC的发明者,但当年的苹果电脑却令人眼前一亮;他也没有发明MP3,但iPod却曾经风靡世界;他以前并没有做过手机,但iPhone将诺基亚、摩托罗拉打得个落花流水。

创新,就是把别人已经做过的东西再做得更好一点!

含义关键词:创新、体验、品质、后发优势

5.6 双金字塔模型的演讲应用

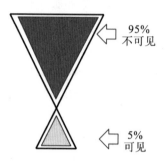

双金字塔模型是两个顶点相扣的等腰三角形,上面的三角形面积远大于下面的三角形。其意思是说世界上万事万物,我们能看到的占该事物的5%,没看到的占该事物的95%。当你要改变能看到的5%时,这里没有抓手,得从看不见的95%入手才行。

这个道理用一个成语来概括就是"厚积薄发"。这就好比一个小朋友考试错了三道题,得了85分,他把这三道题订正之后,下次考试大概率考不到100分,因为这三道题是我们看到的部分,这里没有切入点,我们要从没看到的部分开始。

在网络上我看到中国人民大学附属中学著名老师李永乐的演讲,觉得案例生动、观点走心、风格活泼,再看看其在网上的授课视频,每次都能把枯燥的知识讲得深入浅出,用中学的数学、物理知识就能解释诸如"C罗为什么能踢出香蕉球""为什么久赌必输"等现象,将知识与社会现象、自然现象有机地衔接,令学生增长了知识,开阔了视野,也激发了学生的兴趣。

李永乐老师真优秀,后来了解到,我们所看到的李永乐老师的优秀,就像双金字塔模型中的5%一样,没看到的是:他曾经是第一届、第二届北京高校演讲大赛一等奖获得者,北京大学物理学与经济学双学士,清华大学电子工程系硕士研究生。卓尔不凡的背后是硬实力的厚积薄发。

演讲就是这样,看似演讲者信手拈来地引用了一句名言,实则是他积累了几百句名言并经常调用,才能做到贴切地脱口而出;看似他对某个数据如数家珍,实则是他对很多统计数据很关注,并善做分析,才能把主题和数据素材恰当地结合在一起,形成对观点牢固的支撑力。

我们所看到的电视台的新闻评论员、网络上的社会评论家,他们对新近发生的新闻事件总能快速、中肯地说出自己的见解和思考,这也是来自日常的信息捕捉、问题分析、流畅表达的历练。

演讲的内容、思考、表达能力储备就是双金字塔模型中看不见的95%的部分,其积累和提升永无止境,永远撞不到天花板。

你认为提高演讲能力,在双金字塔模型中,有哪些看不见的内容需要积累?请列出不少于五项内容。

5.7 跨越听众讨厌的40点

据说亚马逊创始人杰夫·贝索斯主持开会时,会议室里经常会放一把空椅子,说这个椅子是给客户坐的,有时候也会安排一个人坐在那里,代表客户发言。如果客户不同意、不满意,这个做法或方案就有必要优化或调整。

我们也借用同样方法,从听众视角,找出哪些方面是听众讨厌的,那自然是我们做演讲应该避开的雷区。

绕开听众讨厌的雷区,演讲的魔力就会慢慢附体。

(1)拾人牙慧,被说得太烂太泛的,我不爱听,我不是来逛二手市场的。

【观点的独到性与听众的记忆度成正比。】

(2)语言太过平淡不做修饰的,我不爱听,我不是来看你"素颜出镜"的。

【演讲语言要修饰,你的"随意"不随意。】

(3)过分讲究辞藻华丽的,我不爱听,词语的"浓妆艳抹"我受不了。

【措辞太炫太生僻,不接地气又炫技。】

(4)讲得很热闹,听完没印象。你总得让我记几句金句回去炫耀一下吧。

【没有金句的演讲,是黑白演讲。】

(5)内容不落地的,我不爱听,我是带着目的而来的。

【实务导向是听众所需,话题放出还得收得回。】

(6)讲话面无表情的,我不爱听,我不是来看木偶剧的。

【有魔力的演讲,总是先动表情再发声。】

(7)语调不变化的,我不爱听,我不是来听机器语音的。

【阴阳上去说得欢,大珠小珠落玉盘。】

(8)肢体语言不大气的,我不爱听;扭捏作态的,我不爱听。

【演讲者的气度直接影响演讲的力度。】

(9)不讲自己故事的,我不爱听,满足我的"八卦"欲不为过吧。

【不装、不端、不虚伪,你的演讲有魔力。】

(10)太理性讲话的,我不爱听,压缩饼干没人爱吃。

【情理之中,演讲呈现,"情"与"理"都需要。】

(11)讲话太感性的,我不爱听,让我花了钱和时间来听你诉衷肠?

【世界上没人愿意花钱买唠叨、听吐槽。】

(12)喷子演讲,我不爱听,你不会是来炒作自己的吧?

【观点偏激容易引发对立,会顿失三分之一听众。】

(13)语风太柔和的,我不爱听,做和事佬我退休再说。

【语风柔和有亲和力,语风太柔和失去张力。】

(14)复杂句太多的,我不爱听,我不是来练中文复杂句理解能力的。

【简单句,短小精悍有力量。】

(15)讲话嗯嗯啊啊的,我不爱听,我花了钱和时间不是来听你复读的。

【嗯嗯啊啊,源于思考与表达的不同步。】

(16)讲话语速太快的,我不爱听,你好像有点急匆匆应付了事嘛。

【演讲如音乐,旋律要快慢搭配。】

(17)讲话语速太慢的,我不爱听,你这么慢慢吞吞我吃不消。

【应景是语速的第一原则,有快有慢是语速的第二原则。】

(18)讲话语速中等的,我不爱听,你是猴子派来做催眠的吗?

【演讲是有快有慢地、抑扬顿挫地把话送出去!】

(19)高音讲话的,我不爱听,保护耳膜很重要。

【中音或中高音区是演讲语音的最佳区间。】

(20)低音讲话的,我不爱听,我花了钱和时间不是来自寻沉闷的。

【演讲不能做"低音炮"。】

(21)声音的集中度不高、发音不清的,我不爱听,我想听"纯音"而不是"杂音"。

【打开你的共鸣腔,声音清晰有力量。】

(22)没有互动的,我不爱听,我来现场也是有话要说的。

【必要的互动,要让听众不吐不快。】

(23)没有穿插笑点的,我不爱听,听演讲时也要乐一乐。

【风趣幽默是演讲的调味品,时不时就得加一点。】

(24)没有穿插嗨点的,我不爱听,你无趣但我不想无趣。

【嗨点是调节气氛、激发听众共鸣的关键点。】

(25)没有情感投入的,我不爱听,你的随意就是对我的不重视。

【积极表达,换回积极聆听。】

(26)目光不频繁接触的,我不爱听,我希望你的眼里常有我。

【目光接触传递真诚和关注,演讲者要眼观六路,点视、扫视、虚视全结合。】

(27)回答不做点评的,我不爱听,对我没有点赞和拔高太没劲。

【演讲者就是教练,听众的对错需要你给出意见。】

(28)发音不准、吐字不清晰的,我不爱听,你这家乡普通话咋传承得这么好呢?

【发音不标准,交给新华字典来处理,常备常翻。】

(29)声音缺乏立体感的,我不爱听,我的耳朵已听惯环绕立体声了。

【气息、呼吸方式、语音发声训练是高段位演讲的必经之路。】

(30)衣品、发型没有特色的,我不爱听,我爱新潮,爱得没有理由。

【随时演讲,品位、爱好、风格皆在场。】

(31)油头粉面的演讲者的演讲,我不爱听,花俏在我看来是轻浮。

【花俏、花瓶式的装扮,未开讲已失去不少听众。】

(32)准备不充分的,我不爱听,说明你很不重视我。

【充分准备是做好演讲的不二法门。】

(33)太过自谦的,我不爱听,演讲者没点霸气怎能控场?

【太过自谦的演讲,无异于自杀式演讲。】

(34)语言低俗的,我不爱听,我自有品位和格调。

【你的语风更能吸引相同风格的听众。】

(35)不懂提问的,我不爱听,我知道高质量的问题比讲授更有价值。

【演讲者的提问技巧是必修课。】

(36)缺少统计数据支撑的演讲,我不爱听,谁知道这结论对不对啊。

【统计数据自带说服力,没有数据不行,数据过多也不行。】

(37)手舞足蹈的演讲,我不爱听,在我看来演讲者还得有个沉稳劲儿。

【演讲需要演绎,但演讲者不是演员,不是表情帝。】

(38)传销式洗脑的演讲,我不爱听,光激发不让我思考我不干。

【不让听众思考的激情洗脑,是对听众的不尊重。】

(39)满是互动、游戏的,我不爱听,我来听演讲不是被玩的。

【演讲不是嘉年华。无互动,不演讲;互动太多,也不是演讲。】

(40)PPT做得不好的,我不爱听,我可以做得比你差,但我的审美不比你差。

【演讲者是歌手,PPT是乐队,好的乐队能为歌手增色。】

> **本单元打卡练习**
>
> 对照"令听众讨厌的40点",分析你的某一次演讲,看存在哪些问题。

5.8 做好听众的"导游"

生命中的美妙时刻,就像时间长河里的珍珠,需要我们用语言绽放,需要我们用语言串起!

去了一个神奇的国度,看到令人震撼的名胜古迹,你要发朋友圈,光发图不行,你需要一段配得上它的推文;看了一场恢宏大气的歌剧,你要讲给朋友听,更需要一段略显文艺范儿的表达,让大家感觉你看歌剧不是附庸风雅;参加朋友婚礼,当新人给你敬酒时,你看似随意的几句祝福,却那么应景和契合,让新郎新娘留下几十年的深刻记忆;针对员工一年的辛勤表现,你在年终会议上能精准地进行评价,让员工感觉有价值、有成就、被认可,感觉辛苦是值得的,对你的信任感、追随感必然大增;给客户做产品或方案呈现,你花很短时间用只言片语就能激起对方的兴趣,继而在对方赞许的目光中讲解产品,最后拿下订单……

生命中有很多需要语言绽放的时点,让我们用演讲语言浸润生活点滴,感受语言之美,传播语言之美,创造生命之美。天生我才,必有口才!

相信大家都体验过导游服务。好导游,打通历史、时政、人文和地理时空,让你感觉旅行就犹如与专家同行,是在上一堂丰盛的现场课程,在接受立体熏陶,而不是做一名去过不同地方的"邮差"。

2020年春节,我和家人去埃及旅行,导游是一位埃及姑娘,中文名叫兰花。兰花在开罗大学读中文毕业后做了导游。在埃及,导游、工程师、警察、公务员的地位很高,大家都很向往。兰花的中文说得不算非常好,但重要的是她的历史知识非常丰富,把埃及历史从法老时代、希腊化时代、罗马统治时代讲到现在,讲得翔实而流畅,全团旅友都对她的专业度肃然起敬。热诚的态度、知识的丰富弥补了她中文表达的瑕疵,旅友给她打分全都是"优"。

旅途中,她给大家展示了一张她自己手工绘制的埃及地图,并根据手绘地图做了将近一个小时滔滔不绝的地理、历史、人文介绍,让大家赞叹不已。

仔细想想,演讲和旅游何其相似,演讲就是一场演讲者做导游、听众跟随前行的思维旅行,开阔视野,愉悦心灵,了解新知,获得启迪,连接友谊!

导游和演讲者的相似之处

序号	导游	演讲者
1	一见面就热情、风趣地打招呼	破冰,良好的感染力传播
2	大家相互介绍	互动、暖场
3	给自己起一个很可爱的中文名字,迅速拉近与游客的距离	自我调侃,营造轻松的演讲场域
4	一上车告知大家全天的行程安排	开场后做演讲内容架构介绍
5	到达景点之前讲解历史、地理、人物的背景	演讲一开始,对 why 的阐述(为何讲此主题,讲此主题的背景和意义)
6	讲完每个景点后让游客自由参观	听众思考、提问
7	主要的拍照景点介绍	重点内容的讲解
8	旅途中的视频、歌曲	演讲开场前、结束后的背景音乐,推荐书籍等

5.9 演讲与培训的区别

培训是一种有组织的知识传递、技能传递、标准传递、信息传递、信念传递、管理训诫行为。演讲又叫讲演或演说,是指在公众场所,以有声语言为主要手段,以体态语言为辅助手段,针对某个具体问题,鲜明完整地发表自己的见解和主张,阐明事理或抒发情感,进行宣传鼓动的一种语言交际活动。

两者既有差异又有共性。

1) 差异

(1) 目的不同。培训的目的一般是增强意识、提升能力、提升绩效、获得新知、做到知行转化等。培训一般采用"学"+"习"的方式,也即"讲授"+"演练"。演讲的目的一般是传播观点、发出倡议、获得支持、推动行动等。

(2)互动比例不同。培训可以使用较多的互动方式,如提问回答、量表测试、小组研讨、头脑风暴、角色扮演、团队游戏、播放影音、工作坊等方式,是"学"与"习"的有机结合。演讲一般互动方式比培训少一些,主要是演讲者本人的"讲"与"演",讲是演的基础,演是讲的修饰。

(3)时间长度不同。培训可以根据内容和需求不同来安排时间,时间可以从半小时到几天、几星期;而演讲一般都按分钟来计算,一般较长的演讲也就两三个小时,如 TED 演讲一般在 18 分钟以内。

2)共性

好的演讲与培训,具有以下共同特点:

(1)都需要良好的口才基础和丰富的专业知识储备。
(2)都需要有开场(序曲)、展开(绽放)和结尾(尾声)的精细的技术设计。
(3)都需要恰如其分的内容入口、路标与画面感呈现的艺术手法结合。
(4)都需要有说服、促动等方法的应用。
(5)都需要心法与技法的相辅相成。
(6)都需要良好的应变能力和控场能力。
(7)都需要在反复演练后才能有精湛出品。

5.10　气息营造气场

腹式呼吸法指吸气时让腹部凸起,吐气时腹部凹入的呼吸法。

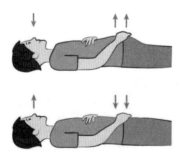

因为吸气时腹部凸起、扩张,所以可以吸入更多氧气,可以避免讲话过程中气弱、气短的情况,让说话的气场更强。

腹式呼吸法训练方法:

(1)取仰卧或舒适的坐姿,放松全身。
(2)右手放在腹部肚脐位置,左手放于胸部。
(3)吸气时,最大限度地向外扩展腹部。
(4)呼气时,最大限度地向内收缩腹部。

气息练习

1. 吸扩吐缩练习

把嘴自然张开,张大一些,同时用意念使丹田自然鼓起,然后嘴微闭轻轻吐气。嘴张开的时候不要有意识吸气,当你把嘴张开,自然就有气。

2. 慢吸快呼练习

慢慢地吸气,然后快速呼出。

3. 慢吸慢呼

慢慢地吸气,然后慢慢呼出。

呼吸要深长而缓慢,尽量用鼻子吸气:一呼一吸掌握在15秒左右,即深吸气腹部扩张,屏息2秒,然后慢慢呼气腹部收缩,屏息2秒。过程中使用缩唇呼吸,即吸气时用鼻子,呼气时嘴唇呈缩唇状,施加一些抵抗和阻力,慢慢呼气。

5.11 亮音让声音插上翅膀

声音是演讲者魅力传播的重要载体,演讲的语调、语气、节奏与生活中的表达有所差异,要说得爽朗、清晰、热情、明快、富含情感,需要做必要的语音发声训练。

语音发声之"口部操"练习主要如下。

1)口的开合练习

张嘴时像打哈欠,闭嘴时如咬苹果。

开口动作要柔和,嘴角尽量往斜上方抬起。

2)撅嘴咧嘴练习

撅起嘴巴,使劲努嘴到极致;收回来,咧嘴到极致。

3)拱腮帮练习

用舌尖用力拱腮帮,往左往右持续进行,让口腔内部空间打开。

4)吹唇练习

嘴唇放松,深吸慢呼,气流穿出时让舌头震动起来。

5)弹舌练习

卷起舌头,舌头和上颚迅速分开,发出"嘚嘚"的声音,注意唾液不要飞出来。

除了以上这几个动作之外,口部练习还包括以下方法。

(1)摄脸:用手摄脸。

(2)转唇:嘴唇合闭,顺时针转唇,然后逆时针转唇。

(3)双唇打响:嘴唇合闭,用气迅速冲开双唇,发出声音。

(4)弹唇:用舌尖抵住下唇,迅速弹出。

(5)转舌:用舌尖沿牙根转圈。

朗读要点:有快有慢,重音突出,语调在中音或中高音区。

演讲朗读演练(《羊皮卷》节选)

我不是为了失败才来到这个世界上的,我的血管里也没有失败的血液在流动。我不是任人鞭打的羔羊,我是猛狮,不与羊群为伍。我不想听失意者的哭泣、抱怨者的牢骚,这是羊群中的瘟疫,我不能让它传染。失败者的屠宰场不是我命运的归宿。

生命的奖赏远在旅途终点,而非起点附近。我不知道要走多少步才能达到目标,踏上第一千步的时候,仍然可能遭到失败。但成功就藏在拐角后面,除非拐了弯,我永远不知道还有多远。再前进一步,如果没有用,就再前进一点。事实上,每次进步一点点并不太难。

从今往后,我承认每天的奋斗就像对参天大树的一次砍击,头几刀可能无痕迹。每一击看似微不足道,然而,累积起来,巨树终会倒下。这恰如我今天的努力,就像冲洗高山的雨滴,吞噬猛虎的蚂蚁,照亮大地的星辰,建起金字塔的奴隶,我也要一砖一瓦地建造起自己的城堡,因为我深知水滴石穿的道理,只要持之以恒,什么都可以做到。

我决不考虑失败,我的字典里不再有放弃、不可能、办不到、没法子、成问题、失败、行不通、没希望、退缩等这类愚蠢的字眼。我要尽量避免绝望,一旦受到它的威胁,立即想方设法向它挑战。我要辛勤耕耘,忍受苦楚。我放眼未来,勇往直前,不再理会脚下的障碍。我坚信,沙漠尽头必是绿洲!

5.12 语气的魔力

1)友善关切地询问

- 饭局结束前:大家吃好了吗?
- 同事即将上台演讲:你现在感觉紧张吗?
- 和孩子交流:作业做完了吗?
- 领导检查下属工作:工作中遇到什么困难?需要我支持吗?
- 去医院探望亲友:感觉好一点了吗?
- 乘务员问乘客:请问您的饮料需要加冰吗?
- 客服代表问客户:请问您还有其他问题吗?
- 客户经理回访客户:请问设备运转情况怎么样?

2)铿锵有力地决定

- 明年公司业绩必须保持15%以上的增速。
- 这项工作务必在9月底之前完成。
- 我们的产品要有市场竞争力,不良品率必须控制在千分之一以内。
- 下周一开始全司采购工作,统一按照新的流程操作。

3)信誓旦旦地承诺

- 请您放心,我马上跟进处理,并在下午2点之前给您回电。

- 我承诺,一定完成公司分配的业绩指标。
- 设备我严格测试过了,各项指标全部达标,可以放心使用。

4)振奋人心地倡议

- 让我们齐心协力,取得一月份业务的"开门红"!
- 垃圾分类,人人有责,让我们从日常的点点滴滴做起!
- 心情舒畅效率高,让我们一起保持愉悦的心情,共创高效工作!

5)客观真实地表述

- 认知能力决定了做正确的事。
- 罗马不是一日建成的,演讲不是一招制胜的。
- 谁都有雨天不带伞的时候。
- 得到100元的喜悦无法和失去100元的痛苦相提并论。

6)轻柔温和的情感

- 随风潜入夜,润物细无声。
- 我完全理解,这样的事情无论发生在谁身上,都会很郁闷。

7)心有戚戚的惆怅

- 孤帆远影碧空尽,唯见长江天际流。
- 茫茫人海,路在何方!

8)发自内心的喜悦

- 平时寡言少语的他像电脑换了个新声卡似的,突然变得口若悬河起来,父母都露出了喜悦的笑容。
- 前面的世界会更精彩,往前走心中充满了喜悦!

本单元打卡练习

"你出去,我想静一静!"

语气一:非常愤怒
语气二:不怒自威
语气三:气急败坏

语气一:平淡
语气二:坚定
语气三:自豪

5.13 语速的张力

在重要的发言或者演讲中,一定要控制好说话的语速,虽说性格难改、禀性难移,但是请你相信:语速的快慢是绝对可以通过日常的刻意练习来改变的。

一个长跑健将,节奏控制是他的制胜法宝;一个好的歌手,把握好节奏能让曲子的韵律和感染力更明显;一个高超的演讲者,节奏控制使得语调语气更有魅力。

好的语速标准是"时快时慢"。有的人说话语速偏快,要把语速降下来,又不至于太慢,这是个需要反复提醒、反复演练的过程。

可以从生活中的点滴开始来训练,坚持做一定会有令你欣喜的变化。

(1)吃饭时间尽量不少于20分钟,细嚼慢咽。
(2)想好了再说,不随意打断别人谈话。
(3)看新闻不要只看标题,耐着性子看内容。
(4)走路、开车有意不超过别人。
(5)工作中改掉冲锋陷阵式的习惯,不着急,有条不紊干工作。
(6)找个熟悉的人,经常提醒自己的语速。
(7)不定期听听自己发给朋友的微信语音。

1.请用有快有慢的语速来朗读以下这段文字五遍。

丘吉尔有一次在公开场合演讲,台下递上来一张纸条,上面只写着两个字"笨蛋"。丘吉尔知道台下有反对他的人等着看他出糗,便神色轻松地对大家说:"刚才我收到一张纸条,可惜写信人只记得署名,忘了写内容。"

2.在你熟悉这段文字的意思后,不看文字,用有快有慢的语速讲出来。

5.14 跌宕起伏

文似看山不喜平,演讲也怕故事平。就像当年语文课中老师教过我们,叙述有正叙、倒叙、补叙、插叙等手法。多数人习惯讲故事用正序,正序不是不好,但架不住一直用正序,就像你看一部电影一直是正序的话,估计看到一半就没兴致了,因为结果想都想得出来。

同样,演讲也需要起承转合、跌宕起伏的设计,综合应用正叙、倒叙、补叙、插叙等手法,这样才能不断吸引听众听下去,使听众与演讲者思维同步地前行。

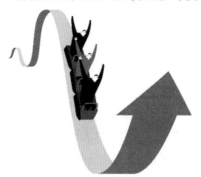

起承转合,"起"就是开头的意思,"承"就是承接,"转"就是转折,"合"就是结束。

例如,一位创业者讲自己的创业经历,他应用了这样的起承转合设计:疫情影响(起)—被动的职业转型(承)—内心受伤(承)—低谷里强忍且坚持(承)—职业蜕变有起色(转)—开挂的新事业(合)。

【演讲"跌宕起伏"案例】

　　我当年刚从航空公司跳槽到保险公司时,有一次在小区门口碰到我的一位老领导老宋,老宋说:"力之啊,好久不见,听说你跳槽到保险公司了,干得怎么样啊……有空来家里叙叙旧。"

　　过了段时间,我就买了些水果,晚上去老宋家里和他聊聊天,侃侃过去的岁月。老宋太太一听说我现在在保险公司,就说了一句:"保险公司好啊,我们家买了很多保险。"我一听,很支持这个行业啊。

　　我和老宋聊了一个多小时,他太太从卧室出来,发现我还没走,又说了一句:"我们家真的买了很多保险。"我还没听出来话中话是什么。又过了半小时,她从卧室又出来了,这次是拿着保单出来的,说了句:"我们家真的买了很多保险,你看,保单在这里。"她以为我推销保险来了!

　　其实这也不能怪老宋太太误解我,也不能说保险不好,只是有的业务人员在销售保险时太过用力地用了"推销"的方式,让客户有反感情绪。有的人入职保险公司之后,业务知识还没怎么学习,业务能力还没怎么提升,就先给亲朋好友打遍电话:"我到保险公司了,你懂的!"平时一年半载都不怎么联系,现在一个月联系对方好几次,人家一看就很烦,有时候碍于面子,就买份保险让他别烦了。我被老宋太太误解成保险推销人员也是有原因的。所以,我们不能用推销的方式去销售产品,需要用"销售"的方式去销售产品。推销,最显著的特点是"推",有什么卖什么,张口闭口提到的是产品,而忽略了客户的需求。牛顿第三运动定律告诉我们"作用力和反作用力总是大小相等",你推得越厉害,反作用力必然越大。而销售则不同,销售是客户需要什么卖什么,以客户的需求为先。当然很多客户会说"我不需要",他不是不需要,而是他不知道自己需要。这就好比你去问一个赶马车的人:"你有什么需要吗?说出来,我尽力满足你的需要。"那个人想了半天,说:"我需要一辆更大的马车,装修更好的马车,轮子更多的马车,更豪华的马车。"他说了半天始终围绕马车做文章,他不知道世界上还有一款商品叫作汽车,因为没有体验过哪里来的需求呢?

所以做销售首先不是做产品推介,而是需要去唤醒客户需求,梳理客户需求。

请分析以上这段演讲稿中的"起、承、转、合"点,并做标注。

5.15 即兴穿插

即兴演讲或演讲中的即兴穿插,是一种快速构思、临场发挥的演讲形式,类似于相声中的"现挂"。这好比演讲者的篮子里有很多水果,原计划要给听众吃苹果,因现场临时需要,替换成了梨,但依然很可口,而且能带给听众好的感受和收获。

即兴演讲表现得好,可以为整场演讲锦上添花,更能彰显演讲者的随机应变、厚积薄发的功力。

即兴演讲或即兴穿插,可以从以下几方面切入。

1)临场快速关联新近发生的新闻事件

演讲者为了调动听众积极性,增强耐听度和新鲜感,可以临时将演讲内容与新近发生的新闻事件做关联,这看似信手拈来的即兴发挥,实则是快速关联能力的展现和历练。

如要讲以新视角审视工作,寻求新一年工作的突破点,演讲时机正好是在"两会"之后,就可以关联"两会"上提到的"新时代、新思想、新目标、新征程",说明"新"是主旋律,是趋势,是潮流,大家要用"新"思维面对新工作。

2)临场快速调用听众熟悉的场景或案例

演讲中演讲者的思考是高度活跃的,懒散状态下较难调取的案例、观点,在演讲状态下就可能被现场调用出来。比如,在公开课上或面对不同类型听众做演讲时,当了解了不同听众的年龄、性别或行业后,支撑同一观点的案例就有必要现场做调整,做即兴穿插。

例如,讲沟通的话题,如果现场看到听众中30多岁女性比较多,就可以穿插小孩教育中的沟通案例,共鸣度往往较高;如果中层管理者较多,那就可以结合员工绩效面谈沟通的案例;等等。

这些看似的即兴,更像是教练临时更换场上球员,而教练对球员原本都是很熟悉的。

3)衔接听众提问,对演讲内容次序做微调

演讲者在事先调研需求时,沟通对象和现场听众往往有所不同。如果现场发现需求有小偏差,临时可以根据听众的提问和现场情况,对演讲内容子模块的时间比例、前后次序等做快速微调。

例如,讲执行力课程或做执行力管理的主题演讲,事前了解到听众是中基层管理者,到了现场了解到大多数是中高层管理者,那么在"道法术"的内容比例上就要做调整,将"道法"比例调得更高,将"术"的比例调得低一些。

5.16 "解压"演讲

演讲又叫讲演或演说,是指在公众场所,以有声语言为主要手段,以体态语言为辅助手段,针对某个具体问题,鲜明完整地发表自己的见解和主张,阐明事理或抒发情感,进行宣传鼓动的一种语言交际活动。

1)"演"和"讲"的关系

上面这段文字就是演讲的定义。我们知道定义往往都是科学方法的浓缩或总结,不研究定义可以做这件事,但要想突破和提升,就非常有必要研究定义了。就好比走路,你不研究科学的走路方法,当然可以走,但你要走T台,要成为竞走高手,那就有必要研究走路的科学姿势和方法。

接下来我们就咀嚼、思考一下"演讲"的定义,挖掘它带给我们的行动指南。

演讲、讲演,这是两个词,今天咱们都习惯把演讲叫演讲,但老一辈的人有人习惯把演讲叫讲演,那么演讲、讲演到底有什么区别呢?这只是习惯不同而已,不同年代对同一事物的称谓有时会有差异。不管是演讲还是讲演,都是由两个字组成的,"演""讲",这两者到底是什么关系呢?

我们听一场演讲很难判断出来演讲者当下到底是讲得多还是演得多,演和讲的比例很难区分,每个人可能有自己的判断,演讲者本人可能也不知道自己的演讲当中演和讲的比例到底是多少。因为演和讲两者是相融关系,完全融合在一起,你中有我,我中有你。

讲和演还是基础和修饰关系,讲是演的基础,演是讲的修饰。这一点和女士化妆非常相似。女士化妆的最高境界被称为"妆成有却无",明明化了妆,乍一看好像没化妆,再一看,哇!好精致的女人!也被称为"看似漫不经心的精心打扮"。

2)公众场所

几人以上可以称为公众场所呢?

一般来说,三人及以上就可以称为公众场所。这么来看的话,你平时在公众场合讲话的机会特别多,如公司开会、与客户交流、到餐厅吃饭、与朋友聚餐、在群里发言,甚至回家一家三口吃饭也是在公众场合。你对自己的讲话得有出品要求,也就是说爱上演讲之后,你的每一次公众场合表达都应该是有质量的,不会随随便便,总要找到最恰当的词语、最凝练和最生动的表达方式、最容易被对方接受的语调语气来传播你的思想和观点。

当你有这种意识的时候,你已经时时刻刻在进行演讲蜕变了,正所谓"演讲学习生活化",潜移默化天天有。

3)有声语言

"以有声语言为主要手段",既然声音是主要手段,那么演讲者对声音的"打磨"就非常重要。在台上讲话不是轻飘飘、软绵绵、随随便便的,是用足力气的,是铿锵有力的,是有快有慢的,是抑扬顿挫的,有时候甚至话不是说出去的,而是送出去的,是"砸"出去的,这样听众才不至于睡着。

相声界一位老前辈谢天顺先生曾经说过,相声当中不管是捧哏还是逗哏,每个字都有它的作用、意义和价值。演讲也一样,要把每个字的字头、字中、字尾有效地传播出去,让每个字发挥它的演讲价值,要没有废话废字,没有嗯嗯啊啊叠词叹词。

演讲发声时尤其要有亮音,声音不是闷声闷气的,也不是非常刺耳的。演讲者应把音调尽量放在中音或中高音区,让听众感觉是能量充沛、热情洋溢的,同时又不咋咋呼呼。演讲者要能够赋能于听众。

如何把音调放在中音或中高音区?先得知道自己平时讲话处于什么音区,那就有必要把自己的声音从手机中调出来听。另外,还需要再找一段播音员的声音结合在一起对比来听,你就知道自己声音偏高还是偏低。当你感觉到偏高的时候,平时刻意地提醒自己应该压低一点;当你感觉偏低的时候,就提醒自己尽量拉高一些。

2020年疫情之后,我讲过很多次线上课程,当我自己听语音的时候,一开始确实很不适应,甚至感觉非常尴尬,不断地做自我提醒和校准,后来就逐步适应了,这也是自我校准语音的过程。

要发出亮音,除了把音调放在中音或中高音区之外,还需要尽可能打开口腔来说话。当你打开口腔的时候,口部的共鸣腔就更大一些,声音就更洪亮,传播的穿透力也就越强。

快·慢

语速也是亮音的一个重要组成部分。好的语速既不慢也不快。因为语速过慢,让人感觉慢慢吞吞的,听众很容易犯困;而语速快,感觉应付了事、匆匆而过,甚至有些很不耐烦;中等语速也不合适,始终用一个语速讲话,就好比一辆汽车在笔直的高速公路上匀速前行,这时候发动机转速非常均匀,方向盘也不需要调整,司机和乘客都容易犯困,所以你会发现高速公路在非常长距离的笔直路段之后,都会有自然或刻意的拐弯。

语速要做到有快有慢,演讲者得认真投入才行,如果往椅背上一靠,坐在那里慢慢吞吞地讲,那语速基本变动不起来。所以演讲者要进入一个高能、投入、精气神饱满的状态,说起话来才可以做到有快有慢。

4)体态语言

体态语言其实也没有标准模式,很多有影响力的政商学界领袖做演讲,给听众建立了心目中的演讲肢体语言的标准。不过,无论什么年代,演讲肢体语言都得遵循"大方、得体、舒展、有力"四个原则。

从这四个原则出发,演讲者上台要站如松,不能弓着腰,不能前仰后合,不能畏畏缩缩,手臂伸出的时候要有力量,动作幅度不夸张也不局促。

比如,双手持话筒就让人感觉紧张而拘谨,因此需要单手持话筒。话筒离嘴巴太近,显得不够自如,而且容易有破音、爆音,离得太远音量又太小,话筒离嘴唇2厘米左右的距离是合适的,话筒倾斜45度是恰当的。

演讲者看听众的时候是目光如炬的,不是虚无缥缈的;手指指向听众的时候要用手掌而非手指动作,指向屏幕的时候要用手臂而非手腕动作。

另外,演讲者动作和所讲述的内容应该非常合拍,就像一场交响乐的演奏,演奏人员应该与音乐指挥的手势同步。

演讲中的肢体语言可以使用手砍、延展、握拳、交叉等不同动作。比如,"工作分为以下三个步骤:一、二、三",说"一、二、三"的时候要重音突出,那可以用手掌做砍的动作,从左往右,砍起来气势如虹,很有力度,能在听众脑海当中留下更深刻的印象。

有时候要用延展的动作,比如讲到"望着家乡的方向……",这时候右臂往前伸出,掌心向下,微微抖动,眼睛看着手臂前方的位置,就很有情绪代入感。

有时候要紧握拳头,展现力度和气度,比如讲到"我们企业需要这样的精神!",这时候要右手握起拳头,狠劲往下拉一下,或者往前一挥,都能达到能量满满的鼓动效果。

有时候要显得很自然、很大方、很真实,比如讲到"你看,这事该怎么办?"时,双手交叉在前面,手背手心一碰,显得很无奈、很真实、很焦虑的样子,给听众一种身临其境的感受。

有时候要用手指,比如讲到"仅有60%的人达标",这时候要做出6的手势出来,同时眉头紧锁相配合,表现出一种焦虑、失望、困惑的情绪,用肢体语言表现出问题的严重性。

沟通：双手前伸，掌心向上；
拒绝：掌心向下，做横扫状；
致意：五指并拢，掌心向上；
警示：掌心向前，双手上举；
区分：手掌侧立，做切分状；
指明：五指并拢，指向目标；
组合：掌心相对，向内聚拢；
延伸：掌心相对，向外展开；
号召：手掌斜上，挥向内侧；
否定：手掌斜下，挥向外侧；
鼓舞：紧握拳头，挥向上方；
决断：紧握拳头，挥向下方。

请用肢体语言，做出以上的12个动作，反复演练，直到做得大方、得体、舒展、有力。

5）针对某个具体问题

这就是说演讲一定是为解决某一个具体问题而讲，不是为演讲而演讲，不是漫无目的演讲。

比如，讲自己高效的时间管理方法，最主要的目的是让听众能够了解、学习这种方法并应用到实践当中去；讲自己曾经失败的经历以及如何逆袭的故事，也主要是想让听众能够绕开类似的雷区，并从故事中学习到百折不挠的精神。

演讲是针对某一个问题，发表自己的看法和见解，是为了推动问题的解决。

6）鲜明完整地发表自己的见解和主张

演讲者的观点不能是模棱两可、含混晦涩、云山雾罩的，必须是鲜明、相对完整的。这句话还有一个关键词就是"自己的见解和主张"，不能拾人牙慧、照搬别人观点，而要有自己的独立思考、独到见解。

当然，如果你代表公司做演讲，公司内部的见解、观点都属于"自己的"范畴，而你讲同行其他公司的观点就不太合适。

7)阐明事理或抒发情感

动之以情，晓之以理

"阐明事理或抒发情感"，就是指晓之以理，动之以情。一般的演讲中，比较缺的不是晓之以理，逻辑、数字、推理、业务内容等全都是晓之以理的部分，而相对比较容易缺的是动之以情，也即富含情感地表达。

要练习这种能力，读儿童绘本是个一举两得的练习方式。

如果你已经为人父母了，而且小孩正在读幼儿园或者小学低年级，那么有效的练习方式就是给孩子读绘本故事。

一些经典绘本，往往具备这样的特点：版面很大，画面里要素很少，文字很少。为什么设计成这样呢？我专门请教过一位心理学硕士朋友，他说之所以这么做，就是考虑到小朋友接受能力弱，画面上信息点要少。同时，字很少就是希望父母在给小朋友讲绘本故事的时候，不要照本宣科，要绘声绘色、声情并茂、富含情感地讲出来，能够通过语言把画面里的故事呈现出来。所以给儿童读绘本是练习"动之以情"表达的有效方式。

这方面我也深有体会，我做职业培训师工作出差比较多，在儿子读幼儿园期间和小学四年级之前，我回到家之后的常规项目之一就是给儿子读儿童绘本，如《好奇的乔治》《和甘伯伯去游河》等。

有时候出差前我也和孩子沟通，我告诉他："爸爸这次要出差四天，有三个晚上可以给你讲故事，你要听哪几本故事书呢？"他很认真地挑了几本绘本故事书装在我的行李箱里。我出差时晚上 8:00 就是固定的视频连线讲绘本故事时间，为了确定他是否认真在听，我在讲的时候，还经常会穿插提问，如"小白兔给妈妈做的包子是什么馅的？"，他说"草莓馅儿的"，看来是认真在听了，这也是我讲故事成就感的一部分。声情并茂加上互动提问,效果自然更佳。这一方面是良好的亲子教育,另一方面也提升了我绘声绘色、富含情感的表达能力。

8)宣传鼓动

"宣传鼓动"包括两方面内容:一是宣传,即有效地把内容传播出去;二是鼓动,激发情绪,有说服力地营造气场,并促动行为。

9)语言交际活动

演讲既然是交际活动,就不能唱独角戏,需要和听众有效互动。

演讲中的互动方式有多种:一是目光互动,用目光扫射听众的额头、鼻尖的倒三角区域,让每个听众感觉到演讲者在认真地看着他;二是提问互动,间或抛出问题让听众思考,抛出问题后稍做停顿,这时候听众就不是被拉着往前走,而是主动思考,主动前行;三是研讨互动,有时可以抛出一个话题让大家稍做交流、研讨,研讨后请代表发言,演讲者做点评并做拔高,让听众在共鸣中得到思想和认识的升华。

高质量提问的互动,尤其在一些研讨型的会议中,就很适合主持人应用。

我高中毕业后,曾经和高中同学失联了很多年,因为 20 世纪 90 年代高中毕业时,没有传呼机和手机,大家考上大学各奔东西,见一面的机会很少。直到 2015 年,微信把大家再次联络到一起,那一年国庆节假期天南海北 150 多位同学回老家陕西岐山聚了一次。大家在一起吃了三天饭,也建了一个同学群。一开始同学群交流热火朝天,话题多得没完,几年过去之后到现在,经常说话的也就那几位了,其他大多数都在"潜水"。

2021 年 10 月,我去西安给中国银行陕西分行培训,在西安有 70 多位高中同学,我就约了七八位同学一起小聚一下。我只约了七八位,结果一下子来了二十几位,我一看,平时能说会道的那几位都来了。我想他们要是晚上在饭局上滔滔不绝,那其他那些没怎么说话的同学肯定感觉不爽,所以饭局一开始我就提了个建议,我说:"各位,今晚我提个建议可以吗?"大家说可以啊,我说:"今天晚上咱们轮流说,每个人都把过去 20 多年以来你最坎坷、最迷茫、最困惑、最纠结、最煎熬、最艰难、最挺不过去那段岁月分享一下,你是怎么挺过去的,要不然今天也不会来到这里嘛。"

之后,那些平时不爱说话的同学说得滔滔不绝,平时很爱说话的同学说得潸然泪下、几度哽咽。饭局结束之后大家都说:"哇,今晚这个提议实在太好了,我们都说出了心里话,感觉特别爽,感觉这个饭局可以称为'灵魂饭局'。"

所以,以后请朋友吃饭不能只准备菜或只订餐厅,还得准备话题。在公众场合表达的时候,作为主持人抛出一个高质量的、互动的、共鸣的、大家关心的话题,是非常有效的互动方式,往往能取得超越预期的效果。

假如你要主持一场研讨会,或者发起一个"灵魂饭局",请设计一个能充分激发听众探讨的高质量话题。

5.17 五谷杂粮

据说郭德纲所学的戏曲派别多达十几种,郭德纲学习戏曲不是为了唱戏曲,而是为了把相声"说学逗唱"的基本功做得更扎实、更到位。

学习演讲也相似,演讲与企业战略、企业运营、人力资源管理、市场营销、文学、历史、地理、谚语、风土人情、朗诵、综艺、电影、话剧、时事都有关联,很难想象一个视野狭窄、信息闭塞、缺乏深度思考的人能做出精彩的演讲。一场好的演讲,是演讲者的演讲技巧、丰富阅历、独立思考三位一体的有机融合。

1)演讲不是文学,但需要文学的语言表达

演讲者在措辞方面要讲究,不将就。根据不同的场合选择不同的风格、不同类别的措辞。用局部来表达整体是好的中文,用具体表达抽象是好的中文,如用白发代表老人,用红颜代表女士。

类似的语言表达方式在演讲中用得也非常多,比如用"键盘侠"表示那些在网络上占领道德高地,发表"个人正义感"和"个人评论",而在现实生活中胆小怕事的人。用"低头族"表示无论何时何地都作"低头看屏幕"状,想通过盯住屏幕的方式,把零碎的时间填满而冷落面前的亲友的人。这种表达方式在演讲中,微言大义,也很有时代感和吸睛度。

任正非在演讲中曾经说,要砍掉高层的手脚,中层的屁股,基层的脑袋。这句话的意思就是说高层管理者应该从日常繁忙的事务性工作中脱身出来,跳出问题看问题,踱踱方步思考下一步发展的方向和未来;中层管理者应该经常走动起来下基层,不要总是坐在办公室里通过看报告、看报表做管理;基层人员应该更多体现执行力,不要去思考发展方向、发展规划等问题。他用局部代表整体的方式把这么复杂的含义说得非常简洁。

马云也曾经说过,不能给每个士兵都发望远镜。这里的"望远镜"就是用局部代表整体,意思是说基层员工不需要去高瞻远瞩思考公司发展规划的事情,他们更需要的是执行力。这种借代的表达方式,语言凝练、简洁、新颖,使听众更容易记住。

2)演讲不是历史,但需要融入中外史料素材

在演讲中融入一些古今中外的史料素材,能扩大听众的知识面,开阔听众视野,同时也能有力地支撑演讲者的观点。

比如,汉景帝处罚朱亚夫的历史故事就很经典。

  周亚夫是汉景帝平定七国之乱的最大功臣,功高盖主。但周亚夫有些恃才放旷,有时把君臣之礼也不放在眼里。有一次,汉景帝召集诸大臣参加宴会,周亚夫故意迟到,刻意摆谱。汉景帝等了很久见他不来,很生气,就令人收了他的餐具,结果周亚夫就座后一看没有餐具,就怒斥边上的侍从。

  这时候汉景帝当众给了周亚夫严词批评,怒斥他不穿朝服,又故意迟到,还在朝堂之上大喊大叫,不遵守礼数。同时,汉景帝提到李广、程不识二将在雁门关颇多斩获,他甚是高兴,所以才摆此宴会以示庆贺。他指出周亚夫的做法是心比天高,这里容不下他,让他离开这里。周亚夫深感失态及问题的严重性,急忙扣头认罪,虽悔恨万分,但不得不退出未央宫,辞去宰相官职。

汉景帝管理周亚夫的方式,对管理"高技能-低意愿"的资深老员工很有借鉴意义。有的老员工倚老卖老,工作缺乏激情,没进步没创新,对管理者的要求也经常置若罔闻,还动不动就讲"想当年,我如何如何"。

管理这样的员工,就可以借鉴汉景帝的方式:第一,公开批评。一般情况下我们说批评一个人要私下批评,表扬一个人要公开表扬,可管理中答案是"不一定",必要时的公开批评有助于树立管理者的权威。第二,营造内部竞争。汉景帝提到"李广、程不识二将在雁门关颇多斩获",潜台词就是说"你不要居功自傲,年轻的小将也都已经成长起来了"。

讲了这个历史故事,再去诠释管理方法,那自然听众就平缓地接受了这样的理念和方法。

比如,关于"恕"的历史故事,也是对职业精神的一种有效诠释。

孔子弟子有三千,最优秀的有七十二位,相当于"大 V",这其中有一位就是子贡。子贡跟着孔子学了多年,离开前依依不舍,向孔子问道:"老师,您能送我一个字,让我可以终身受益吗?"孔子想了一下,回答说:"那就是恕吧。""恕"的含义就是己所不欲,勿施于人,自己不喜欢的、不愿意的,也不要强加给别人。

这个道理两千多年前孔子传播给他的弟子,在今天的企业管理中,我们更需要学习和践行这个道理、这种精神。自己不认可的工作,不要安排给员工去做;自己不认可的价值观,不要违心地向员工发出倡议。

以上两个案例,都是用历史故事诠释道理,生动,耐听,有支撑性,有说服力。这就是演讲中历史典故的力量。

本单元打卡练习

在你的下一次演讲中,请融入一个历史故事,并能让历史故事有效诠释和支撑你的观点。

讲故事的要素,请参照第 3 章中"演讲开场技巧之四:讲故事"中所提及的"生动表达的六要素"。

3)演讲不是电影,但需要学习电影的画面呈现与剪辑

演讲如同没有画面的电影,在观点抛出前要做铺垫,在讲述故事时要讲究内容的起承转合,这和电影的剪辑很相似。

我们日常看到的电影或短视频,其中的画面往往都是经过精心剪辑的。就拿一个最简单的场景来说吧:假如今天你坐出租车去拜访客户,要拍摄走进客户公司大楼这一个场景,也得好几个不同机位。

- 远远地看到一部出租车开过来了,用远景镜头。
- 到了之后,车一停,接下来就拍开车门。
- 车门一开,脚一踩到地上就知道来的是女士还是男士,这时候就是近景特写。
- 然后你走下车之后又来个中景。
- 你一抬头,接下来镜头就得拍你看到的地方。
- 你又拿出手机确认信息,接下来就需要拍手机界面。
- 你看到手机上文字和当前地址是一致的,接下来点点头,来一个中景。
- 你向大楼走去,当你走进去的时候,镜头是从外往里拍,当你进门的瞬间镜头是从里往外拍。

这个镜头剪辑出来后估计只有几秒钟,但得有好几个分镜头。演讲也非常相似,比如讲一个故事,不能平铺直叙,可以从悬念开始,可以按时间轴线开始,也可以先抛出结论再开始,还可以从数据分析开始、从问题开始。多元多角度的"分镜头"都是为了将故事呈现得更加生动鲜活,更有吸引力。

4)演讲不是哲学,但需要学习哲学洞若观火的思考

哲学是关于世界观、方法论的常说。演讲者有哲学思维,看问题就能从更高维度、更高角度来看,看得更透彻一些。学习哲学洞若观火的思考有助于增强演讲的内涵度。

庄子是战国中期的思想家、哲学家、文学家,道家学派的代表人物,与老子并称"老庄"。他的著作中就有一句非常经典、富含哲理的话:"无用之用,方为大用",这句话可以引用到很多演讲中去。

我记得儿子在读小学三年级的时候,暑假里学校发了一本小册子——《暑期社会实践护照》,上面印着上海三十多个人文景点,要求家长带孩子去参观。那次我带他去参观位于上海黄浦区北京东路的"黄浦剧场",这个地方我很早就知道是个老电影院,但从来没去那边看过电影,因为停车很困难。那天带儿子去了之后,在较远的地方把车停好,急匆匆地参观一遍后,请工作人员盖章,结果工作人员说:"不可以的,做完题目才能盖章。"我把手册拿过来一看,看到每个景点都有好几道题目要做,然后又把孩子带上去,一起仔仔细细把墙上介绍的文字读了好几遍,终于把题目做完了。原来黄浦剧场又被称为"国片之宫"和"国歌唱响地"。始建于1933年的黄浦剧场原名"金城大戏院",1934年2月开业,曾首映了我国第一部有声电影《桃李劫》,放映了《风云儿女》《渔光曲》《马路天使》等大量左翼进步影片,在当时引起强烈的社会反响。1935年5月24日,由田汉作词、聂耳作曲的影片《风云儿女》主题歌《义勇军进行曲》,正是在这里唱响。1957年12月,周恩来总理提议将该戏院更名为"黄浦剧场",并亲笔题字。

这样一说,参观还是很有价值、很有意义的,类似这样的地方有三十多个,学校要求家长在暑假里带孩子参观完。这些参观、学习,开阔了知识面,丰富了人文历史知识,激发了爱国情怀,绝对非常有价值!这些内容都属于青少年成长中的"无用之用",不是考试马上要考的,但对成长、对整个人生都非常有用。

再换个视角:一个职业人考虑问题很有远见,很有计划性,很有层次感,他不是鼠目寸光的,是高瞻远瞩的,你觉得和他小时候上过的哪些兴趣班可能有关系呢?我想围棋可能就属于这种"无用之用"。小朋友下围棋,要从20级、15级、10级逐步一直到段位,老师要求是"走一步想十步"。你想他下围棋都是走一步想十步,那他考虑问题必然就潜移默化地有深度,有计划性,有前瞻性。

再如:一个职业人情绪控制能力特别好,这也是职场至关重要的能力,你觉得和他小时候上过的哪些兴趣班可能有关系呢?我觉得书法班就算其中之一。小朋友写毛笔字,写一个字的时间,够用铅笔写10个字,练的不是书法本身,情绪控制能力在其中,这也属于"无用之用"。

当演讲者把这个道理讲给听众听的时候,如果引用"无用之用,方为大用"的哲学理念来概括,那就更有高度。实践与理论的结合,让观点直击人心、熠熠生辉。

5)演讲不是管理,但需要学习管理者的内涵气度和领导魅力

有句老话叫"人微言轻,人贵言重",演讲者说的话要让听众接受,那必须得有较高的内涵气度和人格魅力。气度,指气魄风度,也是一个人心理素质的表现形式。它是决定一个人成败的重要因素。提高一个人的气度,即提高一个人的素质修养。演讲者和管理者一样,要表现出气度,让话语更有权威感,让表达更有影响力。

气度来自以下几个方面。

(1)担当精神:面对问题和困难,敢于挺身而出,有魄力,有胆识,有责任感。

(2)虚怀若谷:十分谦虚,能容纳别人的意见,胸怀像山谷那样深广。

(3)处乱不惊:在复杂和危险环境中,能够冷静沉着,不惊慌失措。

气度是人格魅力的一部分,就正如日本"经营之圣"稻盛和夫所言:"居于人上的领导们需要的不是才能和雄辩,而是以明确的哲学为基础的'深沉厚重'的人格。谦虚、内省之心、克己之心、尊崇正义的勇气,或者不断磨砺自己的慈悲之心——一言蔽之,就是他必须是抱持'正确生活方式的人'。"

"深沉厚重的人格"和"正确的生活方式"是这里的关键词,这两个方面的培养和提升,也是演讲者日常需要做的。

6)演讲不是咨询,但需要学习咨询师的分析方法

演讲是面对某些具体问题,抛出自己的见解和想法,因此常会涉及问题分析与解决,咨询公司最擅长的就是提出问题分析与解决的思路和方法。一名合格的咨询师,对企业的分析是有多种方法的。

为什么三四十岁的咨询师可以给四五十岁的管理者做咨询?其实最主要的就是咨询公司积累了丰富、科学的分析方法和模型。比如,大家非常熟悉的BCG 模型就是波士顿咨询公司最早提出来的,PDCA 模型就是质量管理大师戴明提出来的。这些分析方法都是职业人士需要掌握的思维工具,在演讲中也会经常涉及。

如谈及企业愿景、企业文化等话题,很多人觉得这个话题很有必要谈,但又非常抽象。咨询师用问题分析工具、咨询方法论对抽象问题具象化,如要分析愿景的来源和含义,用愿景指导战略和组织发展,用愿景描述一个鼓舞人心的事实,用愿景为内部人员提供指导,等等。

本单元打卡练习

请结合你近期要汇报或演讲的内容,思考可以应用哪些思维工具或分析方法在其中。

此方面的参考书籍推荐:

聪明人的魔法箱:68个工具快速解决问题,大卫·科顿著,王小皓译,人民邮电出版社,2021.

7)演讲不是主持,但需要学习主持人的临场发挥能力

即兴发挥既考验知识储备,也考验演讲中的应变能力。主持人汪涵在这方面就有不少可圈可点的故事。

在第十届金鹰节颁奖典礼的即兴表演环节,主办方要求四名主持人分别对着礼盒里的未知礼物进行即兴演说,但主题要紧扣金鹰节。其中华少的盒子里是仙人掌,撒贝宁的盒子里是鸭子,何炅的盒子里是筷子,而汪涵的盒子是空的,显然汪涵的这个即兴演讲难度更大。

没想到汪涵面对这个空盒子侃侃而谈:"有,是万物之所始;无,是万物之所母。十届金鹰节,我们有太多的骄傲,但是我们要把这'有'紧紧放在心里,骄傲放在心里;我们要把这有可能'无'的危机时时放在脑子里,同时把这'无'送给我们所有的电视人,送给我们每一个金鹰节的参与者,要记得心里有一点小小的危机。"

上面这段话中的"无名天地之始,有名万物之母"源自《道德经》。

汪涵引用老子的话语巧妙地与金鹰节的参与者及所有电视人共勉,敏捷、机智的临场发挥背后,蕴含着他渊博的知识储备和灵活敏锐的现场应变能力。

8)演讲不是导航,但需要有导航仪那样的清晰路径

我们前面提到了演讲设计中的三级提纲,在演讲的过程当中,有时候会根据现场情景做即兴发挥,但不管如何即兴发挥,都得拉回来,就像导航仪一样,中间可能并没有按照设定的线路走,但线路会快速修正,确保一直被拉到最终目标。

我也见过这样的演讲者,讲得非常尽兴,然后发散开来,不过他会突然来一句,又妥妥地紧扣主题。但有的演讲者发散后就拉不回来,信马由缰,天马行空,到最后发现演讲时间不够了,匆匆收场。这个"导航仪"显然做得就不够成功。

9) 演讲不是统计,但需要有数据统计分析能力

这一点尤其在工作汇报型的演讲中尤为重要。彼得·德鲁克曾经说过这样一句脍炙人口的话语:"对抽象事物的管理,你的数字化水平在哪里,管理水平就在哪里。"管理者在当众讲话的时候少不了数据,重要的是得有数据的分析、提炼和总结能力。

10) 演讲不是讲故事,但要像讲故事那样绘声绘色

演讲中生动的故事能吸引听众,让听众不愿意走神,舍不得走神,不能走神!

【演讲范例简述】

2005年6月12日,乔布斯在斯坦福大学演讲,分享了自己人生中的三个故事,关于选择、热爱、死亡,这也是贯穿了他整场演讲的框架和索引。

第一个,关于选择。

乔布斯讲了他的出生,他如何到养父母身边,如何度过他的学生时代,如何初次接触教义以及中国文字等。

2005年乔布斯在斯坦福大学毕业典礼上的演说

乔布斯说:"你必须相信,生活中经历的点滴,你所做出的选择,都会在你未来的生命里,以某种方式串联起来。你必须要相信一些东西:你的勇气、宿命、生命、因缘,生活中的点点滴滴。因为相信这些,会给你带来意想不到的收获,使你变得与众不同。"

总结起来就是:没有白走的路,无所谓有用无用。只要是路都会串联起来,最终让你变得不同。每一个人都有适合自己的人生路。

第二个故事,爱与得失。

乔布斯讲述如何于20岁在车库里开创了苹果公司并将其发展壮大,而后在30岁时,自己被踢出公司,然后又重新回归的故事。

乔布斯说:"可以肯定的是,这一切都归功于当时被苹果开除。良药苦口利于病,当生活给你迎头一击时,千万不要灰心丧气,要铭记自己的信仰。我坚信,唯一让我坚持下去的,是我对所做事情的热爱,你必须找到自己热爱的东西,无论是工作还是爱情。你的工作会占据生活的一大部分,所以你必须相信自己所做的是一份伟大的工作,才能真正感觉到满足。如果你现在没找到,请继续找,直到你找到它。"

第三个故事,关于死亡。

乔布斯讲述了自己被诊断出胰腺癌,又如何躲过一死的故事,并从中得到了生命的启示。乔布斯说:"当时医生预估我只能活3~6个月,这意味着我只有几个月,将我今后几十年想说的话,说给我的孩子听。"当医生给乔布斯做活切片检查的时候,发现这是一种非常罕见的胰腺癌——可以通过手术治愈!接受手术后,乔布斯痊愈了,他获得了第二次生命。"那是我第一次近距离接触死亡,与死神擦肩而过后,我可以明确地告诉你:没有人愿意死,即使人们想上天堂,但是人们也不会为了那里去死。但死亡是我们共同的终点,从来没有人能够逃脱,因为死亡就是生命中最好的一个发明,它将旧的清除,给新的让路。你的生命有限,不要将其浪费在重复别人的生活上。不要被教条束缚,遵从别人的思想去生活;不要让别人的想法淹没了自己内心的声音。最重要的是,要有勇气去追寻自己的内心和直觉,只有你的心最明白你想成为什么样的人,其他的事情都是次要的。"

三个故事,按照时间轴线,串起一场演讲,内容跌宕起伏,观点自然生发。

11)演讲不是朗诵,但需要向朗诵者学习情感的投入

演讲不需要像朗诵那样很有"朗诵腔",但需要学习这种情感投入。有人说"演讲"就是"带着演的讲",演的内涵中,富含情感的表达就是重要组成部分。

【演讲范例简述】

美国第16任总统亚伯拉罕·林肯在当选之前,是一位声望很高的律师,他的法庭论辩以独特的构思、巧妙的言论,替人打胜过许多困难的官司。有一次,一位老态龙钟的妇人来找林肯,哭诉了自己被欺侮的经过。这位老妇人原来是独立战争时期一位烈士的遗孀,每月靠抚恤金来艰难地维持生活。可是,最近出纳员竟要她先交一笔手续费才能领钱,而这笔手续费竟高达抚恤金的一半,这分明是敲诈勒索。

富于正义感的林肯听完妇人的倾诉后怒不可遏。他安慰了老人家,答应一定替她打这个没有字据的官司,因为那个狡猾的出纳员是用口头进行勒索的。法庭开庭了,原告因拿不出勒索的文字证据,被告矢口否认,情况当然不妙。轮到林肯发言了,上百双眼睛紧盯着他,看他有无办法扭转局势,林肯并没有直接陈述案情和老人的不幸,而是先用抑扬顿挫的声音,把听众引入对美国独立战争的回忆中,他两眼泪珠闪烁,用真挚的感情述说革命前美国人民所遭受的深重苦难,述说革命志士是怎样揭竿而起的,又是怎样忍饥挨饿地在冰天雪地里战斗,为浇灌自由之树而洒尽最后一滴鲜血。

突然间,他情绪激动了,言词夹枪带棒,锋芒直指那个企图勒索烈士遗孀的出纳员。最后,他以巧妙的设问,做出令人听之怦然心动的结论:"现在事实已成了陈迹,1776年的英雄早已长眠地下,可是他那衰老而可怜的遗孀,还在我们面前,要求代她申诉。不消说,这位老妇人从前也是位美丽的少女,嘴唇红润,步履轻盈,也曾经有过幸福愉快的家庭生活。不过,现在她已牺牲了一切,变得贫困无依,不得不向享受着革命先烈争得的自由的我们请求援助。试问,我们能视若无睹吗?"发言至此戛然而止。

> 听众的心早被感动了,有的跺脚捶胸,扑过去要厮打被告;有的眼圈泛红,为老妇人流下同情的泪水;有的当场解囊捐款。在听众的一致要求下,法庭通过了烈士遗孀不受勒索的判决。
>
> 从这个故事中,我们似乎听到了林肯充满情感力量的慷慨陈词,这种真情实感的力量,也是他打动法官、打动现场听众的关键所在。

以上我们从文学、历史、电影、哲学、管理、咨询、主持、导航、统计、讲故事、朗诵等角度说明了演讲素材积累的多元性,任何让听众感兴趣的话题,都可能成为演讲者尽情发挥的亮点。

鲁迅先生曾经教导青年学者,要求他们潜心研究文学的同时,也要对数学、化学、生物学等理科知识有所涉猎。可以说,世上没有任何一门学科是可以独立出来的。任何一个学问精深的人,一定广泛涉猎了多方面的知识,做到了一精多能。要成为一名思路清晰、表达流畅、见解精辟、妙语连珠的职场精英,以上各方面的积累都不可或缺。

12)演讲不是做品牌,但需要知晓品牌故事,传播理念,传播产品,传播品牌

某一期魔力演讲课程结束后,有位魔友问我:"荔枝哥,你的课程中的素材和案例很多,你是如何捕捉这些素材和案例的?"

我的回答是:如果你想学习演讲,就用演讲视角看世界,你会发现素材处处有。比如,不要放过你所看过的知名品牌,几乎每一个品牌起名字都有其特别内涵,而且是被反复推敲和打磨过的。挖掘这些内涵,既可以积累演讲素材,又能对演讲有方法的启迪。

如:百度为何叫百度? 百度的名字是公司创始人李彦宏从南宋词人辛弃疾的词《青玉案·元夕》中选的,"蛾儿雪柳黄金缕,笑语盈盈暗香去。众里寻他千

百度,蓦然回首,那人却在,灯火阑珊处"。千百度:在熙熙攘攘、人头攒动的街头,对着众多走过的人一一辨认。引申为:在浩如烟海的互联网上,我为你千百度地找寻你想要的信息。同时,百度认为这个词也描述了词人对理想的执着追求。

百度品牌对演讲的启迪:演讲标题或观点中,可以借用、引用古诗词,有意境,有文采,有升华!

【小贴士:表达雄心壮志的诗句】

- 不畏浮云遮望眼,自缘身在最高层。——王安石《登飞来峰》
- 会当凌绝顶,一览众山小。——杜甫《望岳》
- 老骥伏枥,志在千里;烈士暮年,壮心不已。——曹操《步出夏门行·龟虽寿》
- 天生我材必有用,千金散尽还复来。——李白《将进酒》
- 路漫漫其修远兮,吾将上下而求索。——屈原《离骚》
- 落红不是无情物,化作春泥更护花。——龚自珍《己亥杂诗·其五》
- 仰天大笑出门去,我辈岂是蓬蒿人。——李白《南陵别儿童入京》
- 长风破浪会有时,直挂云帆济沧海。——李白《行路难·其一》
- 待到秋来九月八,我花开后百花杀。——黄巢《不第后赋菊》

【小贴士:表达思念家乡和亲人的诗句】

- 但愿人长久,千里共婵娟。——苏轼《水调歌头·明月几时有》
- 不应有恨,何事长向别时圆。——苏轼《水调歌头·明月几时有》
- 独在异乡为异客,每逢佳节倍思亲。——王维《九月九日忆山东兄弟》
- 人归落雁后,思发在花前。——薛道衡《人日思归》
- 故乡何处是,忘了除非醉。——李清照《菩萨蛮·风柔日薄春犹早》
- 举头望明月,低头思故乡。——李白《静夜思》

如:SONY品牌,其有什么特别内涵吗?

20世纪50年代初,"索尼"公司原名叫"东京通信工业株式会社",是日本的一个小公司。后来,该社社长盛田昭夫在欧美旅行考察时发现,人们对他本人的名字还容易记住,但对他的公司却连发音都感到困难。如果一家商号的名称难以让别人记住那还能做生意吗?

他回到日本就和经理商量,认为必须改变名称。

此时,他正好获得了生产美国的半导体收音机的专利权,准备制造半导体收音机,于是他们决定趁这个机会换一个新的名称。以前,他们生产过盒式录音带,曾取"sonic"(声音的、音速的),以此定名为"soni 盒式录音带"。盛田昭夫由此联想到英语中的"sonny"(孩子)这个词,便将其中的两个"n"省去一个,把公司的名称改为"SONY"。不久,"SONY"简洁、朗朗上口的名字就在社会上传播出去了。

SONY 品牌对演讲的启迪:以众人熟悉的话语"基石"进行创新,更易被记忆,更易被传播。

小米公司 MI 有什么特别含义吗?

雷军曾介绍过小米名字的含义:首先,小米的标志是"MI",是 mobile internet 的缩写,代表小米是一家移动互联网公司。其次,MI 也可以理解为 mission impossible,表示小米要完成不能完成的任务,当然,也希望用小米加步枪来征服世界。最后,希望"小米"这个亲切可爱的名字成为大家的朋友。另外,小米的标志倒过来是一个心字,少一个点,意味着小米要让用户省一点心。

再看看我们中国菜的名字,往往都有很走心、感人的故事在背后。

- 过桥米线,一碗热腾腾的米线,融合着浓浓的爱情故事在背后。
- 蚂蚁上树,一听就画面感十足,远比粉丝肉末更有吸睛度和传播力。
- 夫妻肺片,听得出一个艰苦奋斗、夫妻同心、其利断金的故事在背后。
- 八宝粥,不仅讨个口彩,更让人感觉营养丰盛、香气扑鼻。

本单元打卡练习

分析你身边的某个品牌(如电子产品、服装、食品、餐厅等)的名字,分析其内涵有什么特别之处,以及该品牌起名手法对演讲的启迪。

5.18 电影台词

电影和电视剧的区别之一,就是电影相对时间较短,因此对台词的精湛度要求更高。一部电影的经典台词往往会让这部电影的流传时间更久。

正如 1942 年的电影《卡萨布兰卡》中的那句经典台词:"如今你的气质里,

藏着你走过的路、读过的书和爱过的人。"这句话在今天听来,依然直击心扉。你在台上演讲所表现的行为,也潜藏着你的天赋、你的努力、你的阅历、你读过的书、你体验过的喜悦、你流过的泪水、你去过的地方、你看过的电影、你听过的音乐、你写过的心得、你遭受的拒绝、你受到的欢迎、你碰到的困境、你赢得的成功……

既然聊到电影了,就把演讲与电影关联一下,看看有哪些奇效?试想一下,当你阐述了一个理念或方法,最后用一句电影台词收尾,那是不是很领风骚的操作呢?我没听谁说过看电影是在浪费时间,甚至有人说电影院也是个学习场所。

以下是一些电影金句的摘录,供你在演讲准备中参考。

电影《后会无期》

⊙"听过很多道理,依然过不好这一生。"

含义关键词:听到而未感悟到,执行转化很难,执行力就是竞争力。

⊙"你连世界都没观过,哪来的世界观?"

含义关键词:视野、格局、见多识广、旅行与学习。

电影《肖申克的救赎》

⊙"希望是美好的,也许是人间至善,而美好的事物永不消逝。"

含义关键词:希望、目标、正能量。

⊙"人生可以归结为一种简单的选择:不是忙于生,就是忙着死。"

含义关键词:悲观、沮丧、消极视角。

⊙"坚强的人只能救赎自己,伟大的人才能拯救他人。"

含义关键词:教化、救赎、开导、坚强、伟大。

电影《阿甘正传》

⊙"生活就像一盒巧克力,你永远不知道下一颗会是什么味道。"

含义关键词:未知、运气、天生、难以预料、此一时彼一时。

⊙"奇迹每天都在发生。"

含义关键词:改变、奇迹、努力、意外惊喜、信心。

⊙"放下包袱,才能继续前行。"

含义关键词:压力、重整旗鼓、坚持不懈。

电影《当幸福来敲门》

⊙如果你有梦想,就应该去捍卫它。

含义关键词:梦想、执行力、逐梦前行。

⊙我是这样的人,如果你问的问题我不知道答案,我会直接告诉你"我不知道",但我向你保证:我知道如何寻找答案,而且我一定会找出答案。

含义关键词:咬定青山不放松,方法总比困难多。

⊙"如果有个人连衬衫都没穿就跑来参加面试,你会怎么想?如果最后我还雇用了这个人,你会怎么想?""那他穿的裤子一定十分考究。"

含义关键词:东方不亮西方亮,人人各有优势,天赋各有不同。

电影《老师·好》

⊙我不是在最好的时光遇见了你们,而是因为遇见了你们,我才有了这段最好的时光。

含义关键词:友谊、陪伴、感谢、祝福。

电影《中国机长》

⊙敬畏生命,敬畏职责,敬畏规章。

含义关键词:责任感、使命感、主动意识、自发性。

电影《我和我的父辈》

⊙春江水暖鸭先知,我们要做第一只敢于下水的鸭子。

含义关键词:敢为天下先、创新、突破、洞察力、前瞻性。

⊙生命是用来燃烧的东西,死亡是验证生命的东西,宇宙是让死亡渺小的东西。渺小的尘埃,是宇宙的开始。平凡的渺小,是伟大的开始。

含义关键词：守正出奇，勇敢地迈开第一步，热情洋溢地生活，在平凡中创造不平凡。

这些经典台词如果激发了你的记忆，请把你看过的印象最深刻的三部电影写出来，并挖掘这些电影中的金句台词，把那些闪光的话语写出来，以备演讲中调用。

5.19 细嚼广告

"看广告学演讲"也是方便又有效的方式。广告语都是花了钱的，甚至花了大价钱。废话说了一大堆，观众没记住的那就是失败的广告语，但凡被你记住的、念念不忘的，那必然都是精品广告。我们思考一下：自己曾经记住的那些广告语对演讲有哪些启迪呢？

比如,有句很经典的广告语:"今年过节不收礼,收礼只收脑白金。"这句广告语对演讲有哪些启迪呢?

我们思考一下:为什么没有说今年过节不"送"礼,而说的是今年过节不"收"礼呢?一个送、一个收,差异很大。"收"是使用者视角,"送"是购买者视角。从使用者视角来讲,听众更容易接受。把这个理念引申到演讲当中来,那就是客户视角、听众视角。做产品宣讲,客户关心的不是产品性能本身,而是这个性能带给他的价值,因此有必要讲客户视角。

比如,销售一只笔,说这支笔是黑色的,这只是产品特性,本身并没有说出对使用者的价值,客户不会因为它是黑色而心动。但如果说这支笔是黑色的,拿出来写字显得沉稳而大气,很有职业风范,那么这时候就体现了黑色带来的客户价值。再来说这支笔,笔尖是 0.5 毫米的精密度极高的圆珠,这也只是产品特性,没有提及客户价值,而如果说这支笔笔尖是 0.5 毫米的精密度极高的圆珠,出水非常顺畅,签出名字显得飘逸而大气,这时候就体现了客户价值,客户更容易心动。

再来看:这支笔末端有个小孔,可以防止气压堵塞,出水更加顺畅。这支笔可以插在口袋里,携带非常方便,不容易丢失。这支笔笔芯的末端有段油柱封住了,防止墨水挥发,使用寿命更长。这支笔握笔的地方有段软橡胶,书写非常舒适、惬意。在这一系列的呈现当中,客户价值要比产品特性更重要,客户价值也是客户更关心的部分。这是产品宣讲中需要把握的要点。

再把这种方法引申到公司内部的业务规则宣贯中去。员工关注的首先不是规则本身,而是规则带给组织和个人的价值,这时候执行规则才会更有动力。给领导汇报工作,做了哪些具体工作当然很重要,但领导更关注的是这些工作对公司产生的价值和意义,不能仅仅只是为工作而工作。客户价值、听众价值让我们找准了演讲内容的呈现角度。

比如王老吉的广告语"怕上火喝王老吉",这句话又好在哪里呢?最关键最重要最微妙的那个字就是"怕",而不是"火"。什么情况容易上火呢?比如吃火锅就容易上火。当然有人说现在我们吃火锅没那么频繁啊,还有什么情况容易上火呢?工作繁忙,加班熬夜!忙就容易上火,怕上火喝王老吉嘛!这句广告语激发了需求,它是一种高度概括、凝练的表达,做产品销售演讲就可借鉴这种方式:怕……选……

香飘飘奶茶的广告语也类似,"小饿小困就喝香飘飘",其中"小饿小困"这四个字当中"小"字最微妙。什么情况容易"小饿"?好像随时可以,比如白领上班一族,有的人早上起床较晚急匆匆赶到单位,来不及吃早饭,到了 10:30 感觉有点小饿,这时候一看吃午饭还有一个半小时,怎么办?先来杯奶茶垫垫饥。下午到了三四点钟,感觉有点小困,怎么办呢?再来杯奶茶提提神!到了晚上九十点钟,感觉既小饿又小困,再来一杯,一天三杯。一个"小"字,引申出了一系列画面感和关联思考。这种手法放在演讲中,叫微言大义,用简单词语表达丰盛内涵。

本单元打卡练习

请思考你印象深刻的一句广告语,分析其用了哪些表达手法,以及这些表达手法对提高演讲能力的启迪。

5.20 目光传神

眼睛是心灵的窗户,演讲中要学会有效调用"窗户"。泰戈尔说:"一旦学会了眼睛的语言,表情的变化将是无穷无尽的。"

眼神是最复杂也是最丰富的情感表达窗口。两个配合比较默契的人,一个眼神的交流,就完全可以领会彼此的意思,所以才有"确认过眼神"这句话。这就要求演讲者在演讲过程中,要注意自己眼神的表现,适时运用眼神来辅助表现自己的深意,这样听众理解起来更加轻松和准确。

保持微笑是演讲的基本修炼,不仅美观、大方,也更容易获得听众好感,获得听众更多信任,有利于整个演讲的顺利进行。演讲中目光的应用应是有推动力的,有助于对方思考的,有助于拉近距离的。如演讲者向听众提问:"如果明年市场增长乏力,我们的进销存该如何管理?"这时候,如果能目光如炬地扫着听众,那必然能提高听众聆听的专注度,并引导听众深入思考。

演讲中目光所传播的信息是丰富多彩的,不同的眼神表现着不同的情感。正视表示庄重,斜视表示轻蔑,仰视表示思索,俯视表示羞涩,逼视表示命令,瞪视表示敌意,不停地打量表示挑衅,眉头紧锁表示困境,行注目礼表示尊敬,白他人一眼表示反感,双目大睁表示吃惊,眼睛眯成一条线表示高兴,眼睛眨个不停表示疑问。

眼睛与眉毛紧密关联,眼神动,则眉毛必然动。欢乐时眉开眼笑,忧虑时双眉紧锁,愤怒时横眉怒目,顺从时低眉顺眼,戏谑时挤眉弄眼,畅快时扬眉吐气。

在演讲过程中,目光要尽可能多地看着听众,即便是在白板上写字,也要侧着身体,间歇用目光看着听众,不要看天花板,不要频繁地看电脑或手卡,要让听众感觉你看到他们了,不能用虚无缥缈的形式化的余光扫过。

演讲者在看着听众时,内心要有这样的想象:我的眼睛在放光,照亮了演讲厅的每一个角落,正在给每一位听众传播积极向上的独到思想。

5.21 有快有慢

语言的逻辑再缜密,如果表达的节奏感出不来,话语就像落在棉花上,无声无息无力度。看电影看电视剧,觉得演员表达似乎没什么特别,只是觉得听起来自然、舒服而已,如有机会排练一些小话剧、小节目,才知道表达要清晰、爽朗、流畅那么不易,光节奏感就够琢磨好久。

好的节奏和内容是契合、呼应、匹配的,当你说"不疾不徐"的时候听起来就得不疾不徐,说"娓娓道来"就得让人感觉到是娓娓道来,说"铿锵有力"就得说得铿锵有力。

试想一下,如果用机器语音说出"很——抱——歉",听众自然无法感觉到道歉的诚意,因为情感和文字脱节,直接表现之一就是语速没有变化。如果演讲者的语速不变化,听众就容易犯困,思绪飘移,人在心不在。

如果你换个视角去听演讲,就聚焦在语速方面,你发现好的演讲基本上语速一直在改变。如果演讲者希望听众停下来静静思考(或有笑点设计在其中),语速一般会变慢;如果演讲者希望听众马上转到下一个重点或迅速得出结论,那么他就会加快语速。

本单元打卡练习

请用有快有慢的语速朗读以下这段文字三遍,总时间在60秒左右为宜。

复旦大学有位教授叫张维为。张教授演讲,听起来有一种娓娓道来的感觉,有一种特别绵柔的感觉。你听一下马未都的演讲,你发现如智者说道一般。再听一下奥巴马的演讲,即便我们不一定听得懂英文,但你发现他声线真的好清澈,节奏把握得也特别好(慢)。每个人都有自己的演讲风格,保持这种风格,并不意味着你是本色出演的、本嗓发声的、素颜出镜(快)的。我们说演讲,讲是演的基础,演是讲的修饰(慢),既要内容好、底子好,还得有效地修饰才行(慢)。

5.22 说文解字

我们中国的汉字博大精深,许多汉字内涵非常丰盛,给人以启迪。解析汉字,可以领略它独特的魅力和其中的深邃哲理。在演讲中,演讲者如能借用对汉字的解析,来概括其观点,往往能给听众留下深刻、特别的印象。

有一次给某学员做演讲辅导,她说她的创业过程经历了很多现实的坎坷以及煎熬的心路历程。我听完她讲的故事之后,建议她在演讲尾声环节用"出"字来做总结。"出"是由两座山组成的,那为什么爬过两座山才能找到出口呢?一座山就是心理的山,经过一次又一次的失败之后内心更强大了,抗挫折能力更强了,心智也越发健康了;而第二座山就是生理的山,迷茫中要找到突破口需要经历很多磨难,起早贪黑吃很多苦,最终取得了成功!爬过两座山,找到了突破口,也就找到了成功的方向!

以下汉字被赋予新的内涵,大家可以根据需要在演讲中调用。

⦿出:翻过两座山,总能找到出路。

⦿穷:力被困在穴里,怎能不穷。

⦿厌:可庆贺的事情偏差一点,就会令人讨厌。

⦿阅:进门阅读就能获得知识。

⦿铁:有了铁就失去了金。

⦿恩:无论施恩还是报恩,都因有颗善心。

- 趣：走过一段旅程，才能取得成果，也是乐趣。
- 圣：一切挂上"圣"字印记的地方，都离不开沃土。
- 劣：做事偷懒，"少"出了"力"，成绩自然比别人差。
- 舒：舍予，给了别人，自己舒服。放下一切，心中自宽，所以为舍予。
- 吹："口""欠"修养的人才去"吹"。
- 协：要办一件"十分"成功的大事，必须靠大家团结一致。
- 悟："我"用"心"思考就会有所感悟。
- 恩：因人有心，记着别人的好，此为恩。

尾声用说文解字的方式，也符合人际沟通中的"峰终定律"，在结束的时候给对方留下深刻的印象，会让记忆持续更久。

请参照本单元中"说文解字"的内容，在你下一次演讲的尾声环节，用"说文解字"的方式做结尾。

5.23 语言瘦身

"语言瘦身"就是指在演讲中尽量不要使用结构复杂、容量大的复杂句。因为讲话和写文章不一样，文章中写了复杂句，读者可以反复看，而演讲者讲了复杂句，听者没有机会听第二遍，正如"说出去的话就像泼出去的水"，你无法泼第二遍，因此要说得简洁明了，尽量使用简单句。尤其在演讲开头更要使用概括性的简单句，让听众理解你所说的方向、事件、人物，这时候听众就容易脑补相关内容，理解就容易同步。

言不在多，达意则精，许多演讲大师惜语如金，言简意赅，留下了不可多得的珍贵篇章。

【"语言瘦身"范例】

蔡元培在出任北京大学校长的就职典礼上,对学生提出三点要求:一是抱定宗旨,二是砥砺德行,三是敬爱师友。这三点包括了"读书、做人、处事"三个方面的内容,不但言简意赅,清晰中肯,而且易懂易记,学生听后终生难忘。

【"语言瘦身"范例】

1903年12月17日是人类第一次驾驶飞机离开地面飞行的日子。美国发明家莱特兄弟完成了这一历史使命之后到欧洲旅行。在法国的一次欢迎宴会上,各界名流庆祝莱特兄弟的成功,更希望他俩给大家发表一番演讲。再三推脱之后,大莱特只得走向讲台,他的演讲只有一句话:"鸟类中会说话的只有鹦鹉,而鹦鹉是飞不高的。"

这句精彩的话语博得了全场热烈的掌声。莱特兄弟可以详尽地介绍自己发明飞机的过程,也可以谈论飞机的专业知识,但这一句话却道出了人类智慧的伟大之处,给听众留下了十分深刻的印象,被广为流传。

5.24 不是朗诵

有的人演讲情绪激昂,但听众听完之后感觉不是演讲而是朗诵,这是因为演讲者把演讲和朗诵两者搞混了。

演讲与朗诵有相似之处,也有很多区别。在某次演讲课程中,有位学员上台示范,慷慨激昂、饱含情感地"朗诵"了一段,并煽情地结束,其他学员给他的点评是不落地、不具体、无案例、无支撑。显然,这是一段不成功的演讲。

演讲和朗诵有以下区别。

1)目的不同

演讲的目的更多是感召、促动听众,而朗诵的目的更多是感染听众。

2)身份不同

演讲者始终是自己的身份,在阐述自己内容的过程中,糅合互动等方式与听众交流。朗诵者扮演作品的角色,通过抒情、艺术感染力等方式,把文字作品转化为有声语言。

3)状态不同

演讲是"speech+talk"状态的有机融合,其中在 talk 状态中,需要娓娓道来,要做到语言接地气,如同拉家常。演讲者要做到心中时刻有听众,目光时刻有听众,并有趣味,有即兴发挥,有互动穿插,有案例支撑,有观点概括,有鼓励行动,等等。朗诵更多是投入状态,目的往往是陶冶性情、开阔胸怀、文明言行、增强理解,朗诵是为作品感动,进入角色、抒发角色的感情。朗诵者不需要互动,不需要即兴发挥,不需要目光时刻与听众充分接触,更多是通过朗诵者进入作品意境、营造场域来感染听众。

5.25 排比应用

所谓排比,就是用结构相似的句子表达同一层含义。善用排比句可以让演

讲朗朗上口,让话语更有推背感,让演讲的核心内容在听众脑海中有"单曲循环"又不单调的感觉。

演讲中的排比句可以分为以下几种。

1) 前段重复

企业文化是看不见的手,它塑造着企业的整体行为风格;
企业文化是看不见的手,它影响着每位员工的为人处世方式;
企业文化是看不见的手,它决定着企业发展的持续性和竞争力。

2) 后段重复

饿了的时候有饭吃就是幸福;
困了的时候有床睡就是幸福;
冷了的时候有衣穿就是幸福。

3) 含义重复

你无法改变容貌,但你可以展示笑容;
你无法左右天气,但你可以改变心情;
你无法预知明天,但你可以把握今天;
你无法样样顺利,但你可以事事尽力。

【"排比应用"演讲范例】

莫言先生2014年在广州大剧院"喧嚣与真实"演讲片段:

社会生活总体上看是喧嚣的,喧嚣是热闹的,热闹是热情,是闹,是热火朝天,也是敲锣打鼓,是载歌载舞,是一呼百应,是正声喧哗,是望风捕影,是添油加醋,浓妆艳抹,是游行集会,是大吃大喝,是猜拳行令,是制造谣言,是吸引眼球,是人人微博,是个个微信,是真假难辨,是莫衷一是,是鸡一嘴鸭一嘴,是结帮拉伙,也是明星吸毒,也是拍死了苍蝇,也是捉出了老虎,是歌星婚变了,是二奶告状了,是证明了宇宙起源于大爆炸,也证明了宇宙不是起源于大爆炸,确实是众生喧哗。

莫言连用30个"是"排比陈述社会"喧嚣"。同时,莫言也认为喧嚣不全是负面的,也是社会进步的一种表现。

5.26 演讲范例及技术分析

第一篇　某主持人介绍陈平教授上场做演讲

> 有独立思想,而不是鹦鹉学舌、人云亦云的专家越来越少了(观点)。
>
> 但是(转折点1),我今天找到了一位,他真正地与众不同(悬念点1),他是学物理学出身的,但是他跨界研究经济,发现了经济混沌现象(制高点1);他师从著名的中外大家,然而(转折点2)他遵从的是吾爱吾师,但吾更爱真理(悬念点2);他发现了经济学的代谢增长论(制高点2),他在西方求学、教学多年,但是(转折点3)他拒绝"西方中心论"(悬念点3);他有一个别号,叫"寂寞求错"(悬念点4),因为他在向世界讲述中国,所以他以错会友,挑战世界上对中国的错误理论。
>
> 他就是今天我们的演讲嘉宾,上海复旦大学中国研究院高级研究员陈平先生,有请陈平!

点评:抛出观点,四次悬念,三次转折,跌宕起伏,加上排比句的使用,听众的注意力被有效吸引,这段上场介绍可谓经典。

第二篇　劳伦斯·巴考在哈佛大学开学典礼上的演讲

2018年9月初,哈佛大学校长劳伦斯·巴考为欢迎新生所做的致辞,也是这位新任校长第一次为新生做演讲。

> 致2022届级哈佛新生:
>
> 下午好,2022届的同学们,我是劳伦斯·巴考(Lawrence Bacow),可以轻松一点叫我拉里(Larry),我很荣幸欢迎你们正式加入哈佛!
>
> **我将成为你们的同学,而不是其他人的**【新颖又令人好奇的见解】
>
> 我们有一些非常特殊的共同点,这是我担任校长的第一年,这使我成为你们的同学,而不是其他人的,并将一直如此,所以,我希望(演讲被掌声打断),我的同学们!**和你们一样**,我最近搬进了哈佛校园;**和你们一样**,我放弃了熟悉的生活步调来寻找新的挑战和新的机遇;**和你们一样**,我来到这里,希望能为这个特别的地方做出独特的贡献。【排比式结构,语言很有推背感,并体现了"间隔效应"】但与你们不同的是,我没有必要决定今天穿什么。担任校长的好处之一就是,我可以穿上这件非常时髦的长袍,顺便说一下,这是朝圣者的传教士长袍。

不用担心,在我们下次见面时,你们将穿上类似的衣服,准确地说,是在 2022 年你们毕业前两天。从今天到那一天,中间恰好有 1358 天。【具象化的大学生活,背后隐约体现着珍惜、计划、目标】考虑到你们睡觉的时间,我希望你会尝试每晚睡八小时,并且强烈建议你们这样做。你将拥有大约 21000 小时来探索这个非凡的机构;用这 21000 小时来寻找你们的激情,看它将带你去哪里;用这 21000 小时【通过两次反复、强化,我相信此刻很多新生对大学时光理解的颗粒度已经更细,不是四年,而是 21000 小时,有点飞行员等第升级或 NBA(美国职业篮球联赛)球员出场分钟数和次数的感觉】去探索什么对你最重要,并确定如何让世界变得更美好。【拉高"三观"立意,提高思想境界。读大学不是为拿到学位学历证书,而是"探索什么对你最重要,如何让世界变得更美好"。】

不要以貌取人,这是我得到的最好建议

那么,你将从这个旅程中的哪里开始?我的建议是可以从坐在你旁边的人开始,因为他或她现在最有可能正在经历很多事。我知道这些,是因为今年夏天的早些时候,我收到了你们其中一个人的电子邮件。在我看来,这是一封非常诚实的信。他告诉我对于即将到来的前景感到兴奋和快乐,但也感到焦虑和害怕。一想到要与陌生人一起搬到一个新地方,就很伤脑筋,担心无法融入,这些既令人生畏又真实。对于正坐在你们中间的这位学生来说,非常肯定的是,他正得知我们之间的一个共同点,即我们都是移民的后裔。

现在,看着我,穿着这件长袍,你可能不会认为或者推断出,我和家人是作为难民来到这个国家的,还有,我在密歇根的一个蓝领家庭长大,以及我高中的空闲时间都花在组建业余无线电台和参加科学博览会上。好吧,也许你会这样想,但其他人大概不会。

我想说的是,**不要以貌取人**,这是我得到的最好的建议之一。在哈佛,没有人是完美的,包括你们的校长。我和其他人一样,经历过绝望和希望,失败和胜利,失去和爱。你在这里遇到的每个人都是独一无二的,每个人都有自己的故事。你们每个人都被录取了,因为我们在你们身上看到了一些东西,并且相信这会丰富这个特殊的群体。

接下来的几周,投入时间去了解别人

当你们在接下来的几周里开始探索自己的方法,投入 21000 小时里的一些时间去了解别人。不要只是和你的同学们倾诉,**倾听**他们,向他们学习。你们要认识到,在任何情况下,无论是经济上的、社交上的或是其他什么,都有其复杂之处,毕竟我们都是普通人,没有人是完美的。

从另一种角度，**突破自己的认知去理解世界是一项充满挑战性的工作**，拥抱它、接受它，你会成为一个更好的人。并且，我可以向你们保证，你们会因此结识一生的挚友。我最亲近的朋友之一就是我成为大学新生时的室友，我们已经彼此依靠走过了49年，还会更长。其实他是我人生中非常特殊的人，因为他介绍了我和我妻子阿黛尔（Adele）相识，Adele 正坐在那里，Adele？请站起来。

我希望你们也能**花费一点时间去了解你们的老师**。我在本科期间做得最棒的决定之一就是去找我的一位经济学教授，问他一个关于课后阅读中脚注的问题。最后我们就博弈论进行了长时间的讨论，这在当时还是一个新兴的领域，后来变成了一门阅读课程，而这门课程改变了我的人生。时至今日，我仍然和那位教授保持着联系。我相信，最能预测你们能否在这里收获一段非凡体验的就是，你们能否结识一位，至少一位老师，可能更多，但至少有一位你确定可以在接下来的人生中保持联系。

如果你不知道该如何开始，就利用办公时间，邀请老师到史密斯校园中心或拉蒙特咖啡馆喝杯下午茶，也可以就在这里或附近的台阶上谈谈。如果你有一点紧张或者焦虑以至于不知道该问他们什么，那就问问关于他们研究的事，学院的教职员们很乐意讨论自己的研究。我保证你们能相谈愉快。

大学四年，在这里尽情满足你的好奇心

现在，哈佛可以提供很多机会来满足你们的好奇心。事实上，你们可以花相当长一段时间在这里独处，在这里学习一切，了解三百年剧院里所有壮观的树——橡树、皂荚树、红枫、罗汉松，如果还不够，那就去波士顿的阿诺德植物园看看更多的物种，甚至可以去哈佛森林。

你们还可以去我身后的纪念堂，被那些为国家做出牺牲的哈佛的男男女女们的名字所激励，这可能会激发你们想要了解历史，了解这些人所进行的斗争、反抗与牺牲。

或者你可以进入哈佛怀德纳图书馆，在那里我们将一起拍全体照。你们可以在这里探索非凡的藏品，沉醉在书的海洋。或者你可以走到哈佛广场外面，向右走就能到达哈佛艺术博物馆。在那里有25万件藏品，你在任何地方都能找到最非凡的艺术藏品。或者你可以去哈佛科学文化博物馆探寻美国第三大植物标本馆，抑或是世界上唯一真人大小的玻璃花收藏。

如果你还没见过它们,你应该去看看,真的很神奇。去吧,去更远的地方探索哈佛大学美国话剧院或哈佛舞蹈中心,去河对岸的运动场,去哈佛创新实验室,去即将建成的艺术实验室,以及科学和工程综合实验室。从这里开始,你选择的每一个方向都可能引领你找到非凡的机遇。当然,校园之外还有一个更大的世界,一个我们每个人都有潜力以某种方式变得更好的世界。

所以,2022届的同学们,**我现在要给你们布置第一份作业,你的第一个任务并不难,如果你有资格投票,我们希望你去登记,了解候选人的信息,然后投出你的选票。**

在一个民主国家,公民的首要责任就是投票,我们已经让你们很容易做到这一点,至少肯尼迪政府学院已经做到了。所以,拿出你的手机,我知道你们都有,现在你们就可以拿出来了,因为我要告诉你们,你们要去的网站。记下这个网址:iop. turbovote. org。让我重复一遍,iop. turbovote. org。如果你符合条件,登记并投票。这是你们作为美国公民和哈佛学子的责任。

运用你们的天赋,为他人创造更好的生活

投票只是你可以做的很多事之一,以确保你生活的世界更接近你希望的样子。我希望在接下来的 **21000 小时里,你们会有足够的时间来决定如何运用你们的天赋,并为他人创造更好的生活。** 我还没见过认为我们生活的世界是完美的人。这不是一个政治声明,它同样适用于民主党和共和党,自由派和保守派。如果你们同样认为世界是不完美的,那么只有像你们这样的好人努力去改善它,世界才能变得更好。

哈佛经历了几个世纪,不是因为它伟大,而是因为它美好。在接下来的四年里,我期待着观察你们将选择怎样在善良和智慧中成长。现在,你们得到的最重要的建议是,与那些爱你的人为善,同样也是明智之举,特别是你的父母和你的家庭。你们离家来到大学,对他们来说也是一次巨大的调整。你们刚才鼓掌欢迎了很多帮助实现这个转变的人,但是你们的家庭需要依靠自己(适应这个转变)。感谢他们用各种方式支持你和做出牺牲,这样你才有机会在这里学习。

通过支持他们度过自己不在家的适应期来表达你的感激。尤其是你的父母,他们永远不会厌倦听到你在做什么,无论是通过电话、电子邮件还是短信。不要忘记问问他们过得怎样,我向你保证,这些时间都是值得的。 当然,当我和 Adele 在院子里、在校园里或者在其他地方看到你们时,

会问你们在做什么。我相信你们会向我们介绍你们的兴奋和快乐,甚至是你们的焦虑和关切。

哈佛不是一个地点,而是一个理念【结束语也很有新意,有一种精神升华在其中】

今天在这里的每一个人,以及大学里的很多其他人都将在这里为你们服务,希望你们能成功,接受我们的建议,在你需要的时候向我们寻求帮助。你们很快就会知道哈佛不是一个地点,而是一个理念,是那些秉持这个理念前行的人。在接下来的 **21000 小时**【体现"峰终定律",在结束时给听众再次留下难忘印象】,哈佛将无处不在,并且,你此后人生中的每一个小时都会如此。

2022届新生们,我的同学们,愿你们好好利用这段美好的时光!我很荣幸能与你们分享这段旅程,谢谢!

【在此次新生演讲中,哈佛校长劳伦斯·巴考用其自身经历,鼓励每一位对即将到来的大学生活感到不安的新生,并建议所有新生用开放包容的心态去接触周围的一切,用大学四年21000小时,了解同学、请教老师、追求知识,以及探索校园外的世界,"去探索什么对你最重要,并确定如何让世界变得更美好"。】

【间隔效应之于演讲】

这场演讲中,劳伦斯·巴考六次提及"21000 小时",显然是为了让听众留下深刻、难以磨灭的印象,这种手法应用到了心理学中的一个重要概念"间隔效应"。

赫尔曼·艾宾浩斯(Hermann Ebbinghaus,1850—1909),德国心理学家和定量记忆研究的先驱,首先发现了间隔效应的存在。当同样的事情间隔被重复的时候,大脑会认为这是重要的,所以会把这些信息保存起来。当你不断地接触同样的信息时,在你的长期记忆中"激活"这些信息所需的时间会越来越少,所以当你再次需要这些信息时,你会更容易回想起来。

"间隔效应"对演讲的启迪就是:重要的事情说三遍!但注意,不是连续说三遍,而是要间隔开来说三遍。如:有人对你一口气连说三遍"职场精英需要蜕变能力",你可能会觉得很烦,并可能怀疑对方言词匮乏,啰里啰唆在反复。可是,假如对方每隔10分钟将这句话说一遍,中间穿插着若干的论证和说明,你就会深深地记住这句话。

在演讲过程中,演讲者有必要对所讲的重点内容或重要观点,进行阶段性强调或回顾,并在演讲结束前再次总结,这也是"间隔效应"的应用体现。

第三篇　首都医科大学宣武医院神经外科首席专家凌锋教授演讲

凌锋　教授/主任医师

中国国际神经科学研究所副所长

首都医科大学宣武医院神经外科首席专家

中国医师协会原副会长

【CC讲坛演讲】凌锋:系统医学与现代经典医学

视频链接:https://v.ifeng.com/c/83e0OgPLtTO

【荔枝哥听凌锋教授演讲】

1. 作为从业五十年的医生,凌锋教授开场用高质量提问,带领听众好奇前行。

2. 真实又具体的案例分析,理论的高度与案例的生动有机融合。

3. 通俗易懂的类比,让听众秒懂,如:血压调节的自耦合系统,就像体内很多的"不倒翁"。

4. 概括凝练:系统医学,就是用系统论的原理和方法来解决医学问题。

5. 观点熠熠生辉:医学是通过治病达到救人的艺术,所以必须是科学与人文的结合。没有科学的医学是愚昧的,但是没有人文的医学就是冰冷的。

6. 首尾呼应,在尾声环节回答开场提问,并面向未来阐明趋势。

第四篇　贝克汉姆2019年11月20日在联合国的演讲(节选)

大家早上好，非常感谢各位的到来。我是大卫·贝克汉姆，今天并非我的日常工作，对我来说也与众不同，所以还请大家多多包涵。	开场介绍，伴随悬念，吸引听众
过去15年来，我一直作为亲善大使与联合国儿童基金会合作，支持他们为全世界儿童所做的工作。今天是世界儿童日，在这一天我们都应该提醒自己，我们对全世界各地的儿童都肩负着责任。我们有责任保护他们，守护他们的希望和抱负，当然还有他们的梦想。	诠释演讲目的，传播工作初心
通过与联合国儿童基金会的合作，我才知道自己小时候有多幸运。我在伦敦东区长大，一直梦想着成为一名职业足球运动员，一直以来这都是我唯一的心愿。跟这个世界其他地方的许多孩子比起来，我真的很幸运。	现身说法，用自己的感悟来影响、感染听众
我有家可归，能接受教育，家人们还非常支持我追寻梦想。除了我本身自己的努力外，更重要的是一路上我也得到了很多支持，刚开始是我了不起的家人，然后是我的老师，再到我的教练。从很小的时候起，身边的人就非常相信我，他们希望我能成功，也一直帮助我朝着目标奋进。	现身说法
2001年起，我开始和联合国儿童基金会合作，接触到了世界各地的小朋友们。但他们很多人都不如当年伦敦东区那个小男孩幸运。他们在饥饿和疾病中挣扎，经历了残忍的战争，在地震和洪水等灾害中失去双亲。	案例支撑，明暗对比
这些男孩女孩和我有着不同的成长故事和背景，但和所有的孩子一样，大家都有一个共同点，他们有雄心壮志，也梦想着拥抱更加美好的未来。我和联合国儿童基金会一起，曾到访过很多地方，亲自聆听孩子们的心声，倾听他们做出改变的愿望。	画面感及感性的感染力

我在印尼见到了一群孩子,他们希望校园里再没有霸凌,他们正在引领一个大胆的项目,促进这一目标达成。我在吉布提的难民营里见到的孩子们,希望远离暴力和战争,他们梦想着有一天能回到自己的家园,回归平静的生活。我在尼泊尔见到了许多男孩女孩,他们只想回到学校上学,在那场毁灭性的地震之后回归正常生活,获得支持,发挥潜能。我也接触到了来自南非和斯威士兰的年轻人,他们本不该受到艾滋病等疾病的困扰。我不觉想到了自己的孩子们,看着他们无忧无虑地玩耍。再看到柬埔寨的儿童,心里十分揪心,他们也该和所有孩子一样,获得安全感,更好地被保护。	多案例描述,并联支撑;心理共鸣,强化感受,为倡议做了有力有效的铺垫
我亲眼见证了联合国儿童基金会,如何帮助世界上的儿童实现他们需要的改变,为他们提供医疗卫生服务、营养食品、水源、卫生设施,还有教育。有了这些保障,孩子们才能健康快乐地成长,并充分发挥他们的潜能。	倡议起步
但我们清楚,要努力的还有很多。无论是作为领袖、公众人物,还是身为父母、身为一个人,我们都需要做出更多努力,保护孩子们的梦想。因为未来不属于我们,而是属于孩子们的。和每位家长一样,我也努力帮助我的孩子了解这个世界,和他们分享我自小学到的价值观,帮助他们探索人生的目标和激情,帮助他们学会明辨是非。但我也知道,其实每一天孩子们也在给我们上课。我自己有一个小女儿,我看到了她实现目标的决心。她和哥哥们一样,拥有各种各样的人生选择。很多年轻女性呼吁变革,我看到她因此而深受鼓舞。我也听到了她为努力保护我们的地球,而发出饱含热情的呼喊。	倡议推动、案例支撑
在世界各地,孩子们呼吁的声音越来越大。他们希望有更高的卫生水平,能有条件看医生,有条件接种疫苗预防疾病,能有食物和干净的饮用水。他们也希望可以坐在教室里读书,而女孩的呼喊声往往更大,她们希望能拥有和男孩一样的学习和发展机会。 　　年轻人希望我们的星球,能够支撑他们和未来世世代代的生活,资源得以可持续发展,环境也得以受到保护。他们也呼吁和平,希望不再有暴力,不再有战争,不再有政治文化分歧,国家不再动荡,家园不再分裂,儿童的生命不再岌岌可危。	将倡议推向高潮,促动听众行为

第五篇　新东方教育科技集团董事长俞敏洪先生在北京大学的演讲片段分析

北大是改变了我一生的地方,是提升了我自己的地方,是我从一个农村孩子最后走向世界的地方。毫不夸张地说,没有北大肯定就没有我的今天。北大给我留下了一连串美好的回忆,也留下了一连串的痛苦。正是在美好和痛苦中间,在挫折增长和进步中间,最后我找到了自我,开始为自己为家庭为社会做一点事情。	现身说法
学生生活是非常美好的,有很多美好的回忆。我还记得我们班有一个男生,每天都在女生宿舍楼下拉小提琴(笑声),希望能够引起女生的注意,结果后来被女生扔了水瓶子。我还记得我为了吸引女生的注意,一到寒假和暑假都帮女生扛包(笑声、掌声),后来我发现那个女生有男朋友(笑声),就问她为什么还要我扛包,她说为了让男朋友休息一下(笑声、掌声)。	笑点密集,激活场域,快速提高演讲的吸引力
人的进步可能是一辈子的事情。在北大也许是我们生活的一个开始,而不是结束。有很多事情特别让人感动,比如说我们很有幸见过朱光潜教授,在他最后的日子里,是我们班的同学每天轮流推着轮椅,在北大陪他一起散步(掌声)。每当我推着轮椅的时候,我心中就充满了对朱光潜教授的崇拜,一种神圣感油然而生。所以我在大学看书最多的领域是美学,因为他写了一本《西方美学史》,是我进大学以后读的第二本书。	通过场景化、画面感呈现,打通听众的"感性回路";设置悬念,为观点抛出做铺垫
为什么是第二本呢?因为第一本是这样的:我进北大以后,走进宿舍,我有个同学已经在宿舍。那个同学躺在床上看一本书,叫作《第三帝国的兴亡》。所以我就问了他一句话,我说:"在大学还要读这种书吗?"他把眼睛从书本上拿开,看了我一眼,没理我,继续读他的书。这一眼一直留在我心中,留到今天。我知道进了北大不仅仅是来学专业的,要读大量大量的书,你才能够有资格把自己叫北大的学生。(掌声)	放出去:富含细节、对白、动作等要素的故事穿插,增加了生动性、耐听度。 收回来:见解独到,观点抛出水到渠成,引发听众共鸣

第六篇　沈憧棐博士在"红色百年 侨心向党"演讲会上的演讲提纲

沈憧棐本科和硕士毕业于清华大学,后赴美留学,获美国普林斯顿大学博士学位,担任上海巨哥科技股份有限公司董事长、总经理。

2021年6月,上海侨界举办庆祝中国共产党成立100周年"红色百年 侨心向党"演讲会,沈憧棐博士是受邀的五位演讲者之一。在演讲准备阶段,我有幸协助沈憧棐博士做演讲提纲梳理、素材整理、技巧提升。

以下是根据和沈憧棐博士的访谈,编写的演讲提纲及演讲要点。

守正创新 科技报国
一个海归理工男的科技创业路

开场:

2020年疫情之后,国内大城市的地铁站、机场在短时间内装备了红外测温设备,精准掌握人群聚集区每位个体的体温,为疫情防控贡献科技力量。这一设备的核心技术是热红外成像技术,××××年之前这一技术被国外垄断,目前我国已经走在这一技术的世界前沿。巨哥电子在这一领域有十三年的探索,我是巨哥电子的创始人沈憧棐。

1　留学燃起创业梦

1.1　清华毕业,留学普林斯顿

⊙外面未知的世界很有吸引力,清华毕业后走出国门。

⊙留学普林斯顿,距爱因斯坦旧居几步之遥,受科学巨匠的精神感召。

1.2　普林斯顿博士毕业,憧憬未来

⊙外部:硅谷的创业浪潮澎湃。

⊙自己:舍弃跨国大公司,选择创业小公司。

• 细节:放弃去GE、IBM这样的公司就业,选择了一家创业小公司;该公司会议室就是户外的餐桌,室内摆着几张桌子、几台电脑,一张加班后可以随时休息的床,桌上撒着吃剩的面包屑,这就是硅谷创业公司的样子?!也许是吧,年轻就要拼一把!

2　跌宕起伏很郁闷

⊙创业是与风险共舞

• 海外创业失败

• 回国后,在清华校园里怅然若失地徘徊……

◉时刻感觉有压力,在重压之下自我交谈
• 压力就像背景音乐,它时刻都存在着,但是你已经不去特意关注了。(金句)

3　坚毅开拓去追梦

◉二次创业时机来
• 2008年,创办巨哥电子
• 投资人问:"我投入800万元的真金白银,你能投入什么?"我的回答:"你投入的是800万元,我投入的是青春和血汗,我会把后半辈子押在这上面。"
◉"创业者的适应能力要很强,创业中每天都会遇到坑,坑见多了,就不觉得是坑。"(小故事)
◉巨哥电子,填补国内技术空白(亮色系)
• 十三年创业,填补国内热像仪技术中若干空白,并做到部分全球领先。
• 巨哥科技为抗疫做贡献。
如政府协调原材料供应,巨哥科技人员加班加点生产,在地铁站安装调试设备等。
◉巨哥电子发展顺势而为,我对发展很有信心,与精英人才共创未来
◉国内大环境的三大优势
• 机制
如国家对热成像领域产业链的打造。疫情之后全世界范围内能短时间开足马力生产口罩的只有中国,这体现了一个国家工业体系的完整度。
• 人才
清华、中科大、北大等毕业生成为巨哥电子的研发骨干,科研能力世界一流,体现"中国智造"。
• 市场
中国不仅是"世界工厂",还是"世界市场"。
◉公司下一阶段的发展目标

【若干要点】

(1)用大家熟悉的抗疫期间机场测温场景开场,用插叙的手法导入自己在国外和国内的创业历程。有些特定细节的放大,让听众印象深刻,如:硅谷创业

公司的露天"会议室",回国创业时回答投资者的提问等。这两个环节可以加上惊讶或停顿,加一些表情动作或肢体语言,让细节和重音在听众脑海当中留下更深印象。

(2)当讲到创业压力的时候,可以加一个暗色系的素材,这样会让成功的亮色系显得更加明亮、更加不易。这些素材可以是一个创业艰难的细节,通过它,继而引出金句——压力就像背景音乐,它时刻都存在着,但是你已经不去特意关注了。

(3)演讲中常遵循7:2:1的原则,也即事实、感受、观点的比例是7:2:1。建议在后半部分中,适当增加一些感受和观点的内容,故事、场景、案例是用来帮助听众了解背景、消化演讲内容的,而观点是演讲者带给听众的制高点、记忆点和传播点。建议观点和感受可以从某一次思考或回答友人的提问来讲,分析创业成功因素,除了内因之外,外部因素主要与国内相关产业链的完备性、高技术人才的培养、市场容量等紧密相关。

(4)尾声中除了个人信念的内容外,可以适当加上企业文化、使命、理念、定位、目标等内容,并用更振奋人心、高能量等级的亮音结尾。

5.27 演讲点评避免"九不平衡"

演讲点评,除了应用演讲的专业方法来审视外,也是一种"平衡的艺术"。演讲点评有必要避免以下九项不平衡。

1)纯看技巧不平衡

不能只当评委,要洞察内容与技巧的结合之美。别让感性蒙住了眼睛,演讲点评要具有"透视性"。

2)纯听内容不平衡

不能只当听众,要间或地跳出内容看演讲。

3)手拿锤子不平衡

手拿锤子,满世界是钉子。手拿锤子做点评,容易忽略匠心独具的设计。

4)太过含蓄不平衡

点评的建议太过含蓄,如云飘过,不留痕迹。

5)只凭感觉不平衡

点评也要理性、感性相结合。

6)强加风格不平衡

人人都是不一样的烟火,没必要同一种风格,要体会多元绽放的魅力。

7)光看细节不平衡

一叶障目做点评,容易忽略格局之高、之美。

8)光看结构不平衡

演讲如同盖房子,结构决定坚固程度,细节决定舒服程度,结构和细节缺一不可。

"细节不好结构好"的演讲者挺吃亏的,因为大多数听众的感受来自细节,这是右脑的判断,偏感性;而左脑侧重于结构分析,偏理性。左脑负责收集信息,而右脑会在做判断、做决策那一刻起关键作用。

结构新颖的毛坯房　　结构平庸的精装房

你感觉哪一个更好一点?

人们用大脑思考,但追随的是自己的心。——J.P.摩根

9)不做记录不平衡

优点和不足交替出现,有效点评必须针对优点和不足,点评记录不可或缺。

有魔力演讲学员曾问我:"你为什么每次会认真去听魔友的演讲分享并做深入点评?"

我的回答是:

• 有营养

每位魔友的分享都有独到见解,演讲都有营养。

• 给支持

听得出每一位分享者都精心准备过,聆听就是支持。

• 是职责

魔力演讲学员学完课程,精心准备后做演讲分享,老师仔细聆听、给出天使评和魔鬼评是职责所在。

【荔枝哥听王婷】

　　白天有事小忙，虽说可以抽空做点评，但我却未做，因为我觉得点评是"重要的正事"，非得静下心来、隔离喧嚣、沉浸其中才可以。

　　王婷，你的演讲让我听到了耳目一新的内容。就像经常从花园经过，知道那里有三叶草，但我却从未思考过这种草为何是三叶。

　　更让我触动的是为什么我更多是忙碌，甚至劳碌，为何没时间喝工夫茶，没时间打高尔夫，没时间在酒吧肆意，没时间在湖边漫步，没时间练太极拳……究竟是有闲才可以做这些事情，还是做了事情才会有闲。让人纠结！

　　我很想知道是什么机缘促使你开始学太极的，太极的价值和好处固然好，但对大多数人来说，迈出学太极的"第一推动力"更重要，这也叫演讲中的"why优先原则"，用广东话叫"给个理由先"。你的演讲直入主题说太极，欠缺导入的铺垫和设计感。

　　你说到自己练习太极的体会，第一次发现了太极的神奇，一下子激起我的兴趣，准备洗耳恭听，却又戛然而止，有些意犹未尽。

　　59秒是非常好的表达训练方式。如果语音条很短，有点像单个机位拍摄后做视频剪辑，看起来画面或声音有些跳跃。

　　你的演讲激发了我了解太极的兴趣，谢谢王婷！

【荔枝哥听陈蓉】

　　听魔力演讲学员（魔友）分享，是深度链接的开始，我很享受每次的演讲点评，不仅听了演讲，还开阔了视野，知道了很多人的秘密，哈哈。

　　今天，我知道了你是一位建筑设计师，而且获得了机场设计一等奖，非常了不起！我是建筑外行，但我知道机场设计的含金量、影响力非常之高，因为它是城市的形象和门户。为一睹扎哈•哈迪德设计的大兴机场，我有几次特意买中国联合航空的机票从大兴机场返沪。

你一张口声音干净利落,如玉石相击,琅琅而响亮,很赞!估计设计的建筑作品也简约而不拖泥带水。

报告厅众人拣牙,火速送往医院,画面扣人心弦。泥叔讲的 7∶2∶1 原则,你在故事环节比例过高,在感受、观点上时间少了些。大多数听众听到一个故事,瞬时会有一种关联思考或自我启发,演讲者有必要再进一步,让演讲的听众价值更高,而"再进一步"往往需要触发的环境,在这种情境的触发下让自己瞬间有"顿悟"的感觉。

我总结的演讲中的故事结构要素包括起伏的故事、情绪的变化、关联的触动、深刻的领悟、观点的加固。你可以尝试用这几个要素让故事、感受、观点三位一体。

谢谢你的分享,记住了你牙齿的故事,记住了精彩视界会带来精彩世界!

【荔枝哥听骏闻】

标题即观点,尾声再次点亮观点,总分总结构,很有设计感!

一开场点题之后的解题有点慢,信息点很多,令我有点微醺,可能资本市场的影响因素太多太杂吧,但如果演讲解题慢,我也担心性急的投资者会佯装接电话离席。

"于历史的偶然中吃瓜,于历史的必然中投机",这个观点的含义很赞,不过略显深奥。这句话你试试看讲义中的"观点锤炼漏斗"走一遍,可以尝试老话新说或平仄押韵方式。

"扯远了,我们回归正题","扯远了"这个词会让演讲的现场感倍增,"以后买车,我肯定只买越野车了,家里甚至还要备一条冲锋舟",说这句话的时候要有点调侃的味道,刻意加一些语气助词可以增加现场感。如罗振宇演讲中讲到无奈之处,左手手掌、右手手背一拍,来一句"怎么办",明明是照着讲稿讲,却搞得即兴感十足,这种手法你可以逐步体验,这是声台形表的技巧之一。台词也要相应微调,如"以后我要买车的话,估计得买越野车了,说不定还得备条冲锋舟呢"。

6 字字珠玑的观点提炼

6.1 "表达"的内涵

表达是将思维所取得的成果,用语言、语音、语调、表情、行为等方式反映出来的做法。显然,表达的内容是"思维所取得的成果",很大程度上就是"观点",换句话说,听众不会为你说的话买单,但他会为你话语中的观点买单。有无好的观点,是表达成败的关键。

洋洋洒洒讲了几个小时,能记住的、能印在心里的,往往也就一些观点了。如果你能把观点装到别人的脑袋,就能把机会装到自己的口袋。那么,到底怎样的观点才会具有让听众记住的魔力呢?

自媒体时代,是观点的时代,是超级个体可以大放异彩的时代。每一位传播者都有必要打造属于自己的观点标签,让听众一提到这句话,就想到你,而一想到

你,就联想到那些话。也就是说:观点是传播者的闪耀名片!

比如,雷军的"站在风口上,猪都可以飞起来"这句话已经飞了好多年,甚至可能让你耳朵起老茧。我相信这句话对雷军本人和小米公司都是极好的广告,因为全民免费给他做推手。那这样闪耀光芒的观点是怎么来的呢?难道非得创办一家公司并经营得很成功才能得出来?

仔细想想这句话,你会发现雷军说的这个道理若干年前其实你早就知道了,这句话不就是在说一个人的成功不仅要靠努力,更要抓住关键机会吗?但如果用这种方式表达,显然很难打动听众,没有魔力,它属于大道理。世界上最不缺的就是大道理了,尤其有了自媒体之后,那就更厉害了。天刚一亮,有人就在网上"批发"那些成箱的"压缩饼干"大道理,鸡汤是一碗又一碗,但总是油太大,吸收不了。有的被反复煎熬过的心灵鸡汤,甚至都已经是心灵地沟油了,以至于有的群都把"禁止发布广告和鸡汤"写入群规了。

从这个角度来看,演讲的魔力就是一种"印刷术",把理念、观点印入听众脑海、心海,而且保持多年不掉色。在碰到问题或困惑时,听众还能想起这句话,让当年那场培训的价值再次倍增。好的演讲者有几把刷子,他刷的防水漆经风吹日晒不掉色;而糟糕的演讲者,它刷的是水彩,经不起风吹雨打!正如好的电影经得起时间检验一样,好演讲中的观点、金句会在若干年后依然大放异彩。

6.2 观点面面观

既然好的观点如此重要,让演讲传播可以悦己达人,那到底如何锤炼好的观点呢?我们不妨通过内容的精湛度和新颖度两个维度交叉,分四种类型来分析。

1)味如嚼蜡型

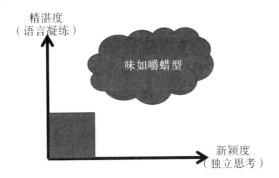

精湛度很低,新颖度也很低,也即观点不做推敲,想到就说,太随意,缺乏美感。某位管理者的开场讲话是这样的:"同志们,我们组织这样的培训,目的就是让大家加强学习,嗯,加强学习,一定要加强学习,每个人务必加强自身的学习。"

这样的讲话我相信你听到这里已经听不下去了,可能已经处于游离状态了。这也是有的企业开会,员工都带着充电宝参加会议的原因了,因为实在受不了啰唆的折磨,只有不断地刷屏消磨时间。

那如果今天就要讲"加强学习"这个话题,该如何讲?

参考案例如下:

各位同仁,大学里有没有经理专业,说这个专业一毕业,人人做经理,最差也是副经理?(互动)有没有总经理专业,说学费特别高,出来都是总经理?(互动)更没有总理专业!很多岗位都没有对应专业,但这个岗位工作需要人来做,需要每个人在职场不断学习,才能胜任岗位需要。学习力是职场胜任和成功的关键,我们要加强学习,特此举办这次培训。

2)金句批发型

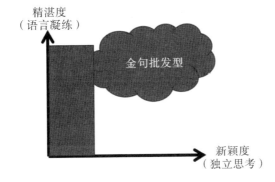

金句批发型,也即精湛度很高,但新颖度太低,缺乏独立思考。这种类型的观点往往是对网络经典语言的照搬照抄,讲得都没错,但基本都听过,演讲者把

自己变成一个金句二手批发市场。

比如站在台上,踌躇满志地讲道:"人生没有彩排,每一天都是现场直播。怀才就像怀孕,时间久才会让人看出来。今天很残酷,明天更残酷,后天会很美好,但绝大多数人都死在明天晚上。"当然,引用名言、鸡汤是可以的,但注意密度和频次,更重要的是需要说出这句话的始创者,并需要用自身的感悟去解读。

3)平淡无味型

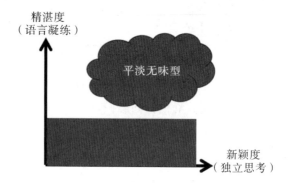

第三种类型,精湛度不高,新颖度很高,即平淡无味型,有独立思考但观点未做有效提炼,不够精湛。

如做销售主题的演讲,观点如下:要找准目标客户群去销售。这句话对销售人员来说基本属于正确的废话,换种方式可能会有强烈印象:戴着"瞄准器"做销售。

对于客户服务,观点如下:我们要通过客户服务,提高客户美誉度,打造公司竞争力。这句话换种方式说,则让人印象深刻:让客户服务成为最好的广告!

4)魔力乍现型

第四种类型叫魔力乍现型,也就是说纵轴的"精湛度"、横轴的"新颖度"都很高。魔力乍现型的观点熠熠生辉,往往给听众留下难以磨灭的印象。

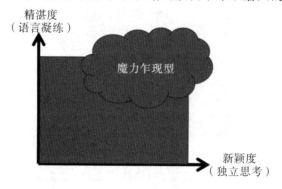

6.3 独立思考

Independent Thinking

听众花时间、花费用,来和演讲者交换思想,如果演讲者的思考、观点都是拾人牙慧或从网上"批发"来的,那听众又为何要来聆听?从这个角度看,世界上不需要纯的"演讲高手",如果只是掌握了演讲技巧,但内容平平,缺乏独立思考、独到见解,就如用烂苹果,手法再好也做不出好沙拉。

你的经历、你的所见、你的思考,都是独一无二的,即便诠释同一个道理,但因为你的感悟在其中,才体现出价值。我家边上有个小公园,不出差时我常去跑步,有段时间跑步时看到有位老先生,鹤发童颜,六七十岁的样子,穿一身太极服,在练太极剑,一招一式显得专业又有范儿。

有一次,看到老先生在教两个徒弟,我驻足观看,老先生很敬业很负责,这样指导徒弟:"哎,步子大一点,胳膊抬高一点,用点力,用点力……"滔滔不绝地指导完这一位指导下一位,十几分钟老先生嘴里就没停。我在想:我要是他徒弟,肯定觉得烦死了,早知这样,不交钱跟他学了。

他很敬业,徒弟心里又不爽,为什么吃力不讨好呢?那一刻,我突然顿悟到该如何辅导下属。咱们中文中有个词叫"指点",还有个词叫"指指点点",你咀嚼这两个词,汉字已经告诉我们:指点过度就变成了指指点点。所以,辅导、管理员工"要指点,而不要指指点点"。

这个小观点,来自我的观察、独立思考和灵感迸发,相信会让听众觉得有价值。

一盆浑浊的水,让它变清最简单有效的方式就是静置。一个人心情烦躁、情绪波动时,当时的劝解也不一定能起作用,创造"静"的环境让其思考,这是不错的处理方式。"静能生慧"说得也是这个道理。

静思,感悟,提取,这种用小感悟去诠释大道理的方式,听众更容易接受。

本单元打卡练习

请静思、反刍近期发生的某件印象深刻的事情,从事情中归纳你独立思考后的观点。

【"演讲观点"范例】

> 外交部原部长李肇星的一段自述:
> 我在北大的时候,特别崇敬一个老师,叫季羡林。……司长通知我当发言人,我很害怕,就赶快请教语言大师季羡林。我打电话给他:"季先生,请问当发言人说话要注意什么?"我的老师认为我这个提法有一定的问题,他说:"肇星啊,不要强调当发言人说话注意什么,你就当一个一般的人,当个普普通通的好人,说话就注意以下两点,九个字就行了:不说假话,真话不全说。"
> 从此以后,我再也不紧张了。

6.4 老话新说

老话新说给人的感觉是"熟悉的起点,新颖的制高点"。所谓熟悉的起点,是指话语似曾相识,听众有一定的熟悉度,愿意听下去;而新颖的制高点,是指话语的后半部分守正出新,不墨守成规,让人感觉耳目一新。

比如,曾经有过这么一句话,"今天很残酷,明天更残酷,后天会很美好,但绝大多数人都死在明天晚上",大家也是耳熟能详,记了好多年。不过今天仔细想想这句话的意思,不就是在说坚持就是胜利吗?这么一对比,我相信你已经感受到了老话新说的价值和魅力。

老话新说除了使用类比的手法之外,也可以给原有说法赋予新的内涵。如,对于"吃苦"一词来说,一般的理解是做苦力活,或吃得不好穿得不好,或承受痛苦或苦难。稻盛和夫对"吃苦"赋予了新的内涵。稻盛和夫说:"大多数人对吃苦的含义可能理解得太肤浅。穷,并不是吃苦。穷就是穷,吃苦不是忍受贫穷的能力。吃苦的本质,是长时间为了某个目标而聚焦的能力,在这个过程中,放弃娱乐生活,放弃无效社交,放弃无意义的消费,以及在过程中不被理解的孤独。它本质是一种自控力、自制力,坚持和深度思考的能力。从很大程度上来说靠自己成功的富人,往往比穷人更能吃苦耐劳,否则他不可能白手起家。你会看到他富之后还是比普通人勤奋,比普通人能忍受孤独,还更有理想。这才是吃苦。"

【类比案例】

> 在市场上,人们往往将企业间的兼并收购比喻为"吃鱼"。有时是"大鱼吃小鱼",这是指大企业兼并小企业;有时是"小鱼吃大鱼",通过资本运作等方法实现小企业吞并大企业。
>
> 青岛海尔集团的老总张瑞敏认为,在市场经济发达的国家,企业的兼并经过三个阶段:第一个阶段是"大鱼吃小鱼",亦即弱肉强食;第二个阶段是"快鱼吃慢鱼",技术先进的企业吃掉落后的企业;第三个阶段是"鲨鱼吃鲨鱼",亦即强强联合。而国企之间的兼并却不会出现这三种情况,因为是国有的,企业只要有一口气,就不会被吃,且"小鱼不觉其小,慢鱼不觉其慢,各得其所"。"死鱼"就根本不能吃。
>
> 张瑞敏认为,既不能吃活鱼,又不能吃死鱼,唯有吃"休克鱼",也就是处于休克状态的鱼。企业的表面死了,但是肌体还没有坏,企业的管理有严重问题,停滞不前,只是处于休克状态。张瑞敏所说的"休克鱼",事实上也就是对带有中国国情的"慢鱼"的更传神称呼。

6.5 规避"幸存者偏差"

幸存者偏差,是指人们只看到经过某种筛选而产生的结果,而没有意识到筛选的过程,因此忽略了被筛选掉的关键信息。

1941年,第二次世界大战中,美国哥伦比亚大学统计学家亚伯拉罕·瓦尔德(Abraham Wald)教授应军方要求,利用其在统计方面的专业知识来提供关于"飞机应该如何加强防护,才能降低被炮火击落

的概率"的相关建议。瓦尔德教授针对联军的轰炸机遭受攻击后返回营地的数据进行研究后发现：机翼是最容易被击中的位置，机尾则是最少被击中的位置。瓦尔德教授的结论是"我们应该强化机尾的防护"，而军方指挥官认为"应该加强机翼的防护，因为这是最容易被击中的位置"。

瓦尔德教授坚持认为：

(1) 统计的样本，只涵盖平安返回的轰炸机；

(2) 被多次击中机翼的轰炸机，似乎还是能够安全返航的；

(3) 并非是机尾不易被击中，而是因为机尾被击中的飞机早已无法返航，寥寥几架返航的飞机都依赖相同的救命稻草——引擎尚好。

军方采用了教授的建议，并且后来证实该决策是正确的，看不见的弹痕却最致命。这个故事被后人概括为"幸存者偏差"。

这种情况其实在演讲中也容易出现，比如，发现很多优秀企业在做抖音直播，你就得出这样的观点：要成为优秀企业，就必须做抖音直播。你可能忽视了这些优秀企业，他们除了做抖音直播之外，还有很多其他更重要的举措，而这些举措你并没有看到。你把抖音直播看成了优秀企业成功的必要决策，那显然就是失之偏颇的，走入了幸存者偏差的误区。

再如，有人对吃燕窝的人群做了调查，发现吃燕窝的人身体都比较好，就得出结论：吃燕窝对身体一定很好！显然演讲者没有了解到吃燕窝的人，其他营养品可能吃得也很多，日常一日三餐的饮食也比较好，也没有调查过不吃燕窝的人的身体状况的统计结果是怎样的。这样也就陷入了幸存者偏差陷阱。

演讲者抛出观点的时候应该谨记规避幸存者偏差。

根据想象归纳结论，容易出现"幸存者偏差"。请推敲你以往演讲某一份PPT中的观点，排查是否存在"幸存者偏差"的情况。

6.6 巧用数字类比和对比

当数字过大时，听众理解往往就不够具象化，通俗讲叫"没概念"。如果使用数字类比或对比的方式，听众容易建立直观的印象，得出清晰结论。

例如，2016年，全国财政赤字拟安排2.18万亿元，比2015年增加5600亿元,赤字率提高到3%。其中,中央财政赤字14000亿元,地方财政赤字7800亿元。针对这句话,大部分听众可能不了解数字是高是低,是好是坏。

如果再加上以下的文字,通过数字对比就高下立判:中国财政赤字率长期低于3%,远低于美国、日本、法国等国家,即使在2008年金融危机时期,中国于2009年大幅提高赤字率至2.8%,也低于3%水平。财政赤字率首次达到3%,财政赤字规模首次突破2万亿元,释放了更有力度的积极财政政策信号。

再如,国际油价跌破30美元,很多人可能没有概念,但如果用下图的矿泉水、可口可乐、牛奶、香奈儿香水来对比,则一目了然,尤其是石油比矿泉水还便宜让人看得直白、透彻和震惊。

我曾经在上海某造船企业培训时,有位学员的分享如下:生产旺季,我们切割车间一个季度切割钢板的总长度超过50万米。50万米,听起来很震撼,不过50万米到底是什么概念,理解得还不是很具体。

我建议他用上海外环线来类比,听众就能迅速做脑补和对比,上海外环线是99千米,那可以这样来说:生产旺季,切割车间一个季度切割钢板的总长度,相当于绕上海外环5圈。这时候听众一听,震撼立显。

又如,城镇生活中大家对平方米有概念,但对"亩"往往就不能清晰准确地理解,如果说厂区面积30亩或2公顷,就有必要类比一下:1亩地是666.67平方米;1公顷等于15亩;一个篮球场一般长28米,宽15米,面积是420平方米;

30亩地就相当于48个篮球场的大小。

科普讲座中经常会提到"纳米科技",也有必要用数字类比的方式。

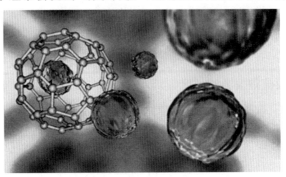

纳米处于宏观世界和微观世界的衔接点上。我们日常以"米"作为长度计量基准,1纳米是10的-9次方米,十亿分之一米,是1毫米的百万分之一。某人身高1.8米,如果用纳米表示那他身高就是18亿纳米;手指上一个黑色的墨点,那就是几百万纳米;一个红细胞有几千纳米。

数字对比的手法,如果再结合递进结构,那效果就更为突出。如可以使用"三层递进+强烈对比"的方式,给听众留下深刻印象。

【"数字对比"范例】

坐火车回老家,80千米每小时;坐高铁回老家,300千米每小时;坐飞机回老家800千米每小时;用北斗App回老家,三秒钟就可以!

【"数字对比"范例】

你可以不整容,但一定要抗衰老。
因为每下垂1毫米,都会看起来老5岁。
抗衰理念就是:紧致度决定了你90%的年轻态。
轮廓决定了你100%的高级感。
××护肤品,你的皮肤抗衰专家。

请结合贵公司产品介绍的海报或文案,应用数据类比及对比的手法,让听众快速理解数据,建立直观印象。

6.7 独到观点

独到观点是演讲中含金量最高的部分,它令听众或耳目一新,或醍醐灌顶,或思绪连连。一般来说,独到观点来自以下几个方面。

1)深耕于行业的经验总结

经验,通俗地讲就是经得起考验,是指从已发生的事情中获得知识。经验往往是在长久坚持之后,总结出来的有效方法。例如,李开复在"我对时间管理的七大顿悟"演讲中,总结了诸多有效的时间管理方法,如"做你真正感兴趣与自己人生目标一致的事情""知道你的时间是如何花掉的"等,据其演讲标题和内容,看得出这些观点更多是个人实践经验的总结。

2)看到事物后的关联思考

思考往往相互激发,思考者、善加总结者总是能在相关联的事物中,产生自

己独到的观点。如罗振宇演讲中的多个观点,就是其对社会现象、发展趋势进行分析后关联思考得出的。他看到这些年听众、听众喜爱的主持人风格正发生变化,他说这其实是互联网时代的"理"——互联网时代,价值枢纽不再是渠道,价值枢纽是"魅力人格体"。湖南卫视再牛,到最后你会发现它的价值集中在了汪涵、何炅、谢娜等人身上;凤凰卫视的价值也集中在几个明星主持人身上,也即几个"魅力人格体"的身上。

3)深度思考习惯和丰富的逻辑分析工具

熟悉的事物可以讲得滔滔不绝,那不熟悉的事物如何措辞条理清晰、观点掷地有声呢?这与演讲者的深度思考习惯、丰富的逻辑分析工具是分不开的,如 SWOT 分析法、5why 分析法、麦肯锡七步分析法、5W2H 分析法、鱼骨图分析法等。

典型的如《老梁观世界》节目,这是一档新闻评论类节目,主持人梁宏达的口才与观点令很多听众折服。节目大量选用百姓关切的社会热点话题,主持人以一种独立冷静的观察角度,深入剖析其背后的原因,让听众透过纷繁复杂的社会现象直击社会热点的本质。节目不是就事论事,而是缘事说理,以理服人,主持人的观点传递着主流价值。

独到见解的形成和观点的锤炼,可以用以下方法。

1)熟悉的起点,新颖的制高点

格力电器董事长董明珠女士有次在讲话中说道,格力电器有位采购人员,整天饭局不断,应酬很多,一调查发现此人有吃回扣的情况,后来公司就开除了这名员工。

董明珠讲道:"没有人才,一切归零。"这句话看起来稀松平常,是众人皆知的道理,接着她又说了第二句话,有升华有新意:"没有道德,人才归零!"这两句话连在一起,我们细品一下:"没有人才,一切归零;没有道德,人才归零!"

这个方式我们称为"熟悉的起点,新颖的制高点",前半句话看起来非常熟悉,而后半句话拉高或递进,让听众觉得印象深刻;而如果直接说第二句话,听众感觉有些突兀,而且印象不够深刻。

曾经有记者问任正非:"任总,您觉得人才是不是企业最重要的资源呢?"我相信很多企业家、管理者面对这个问题会说"人才当然是企业最重要的资源",但任正非的回答却很有新意,他说:"人才重要,管理人才的机制和能力更重要。"这种回答模式,也符合"熟悉的起点,新颖的制高点"原则,也让这句话成了金句。

例如,大家都熟悉一句话:"人在做,天在看!"那如何把这句话说得有新意呢?比如,针对减肥的人,可以说:"人在吃,秤在看!"

在某次企业的内训当中,有位中层干部听了课感觉特别好,在第二期开课时恰逢暑假,她就安排她读大学的女儿也来参加培训。那天我看到母女二人都来了,就很自然地想到那句话"长江后浪推前浪",当然后半句话我不能说"前浪死在沙滩上"。我把后半句调整了一下:"长江后浪推前浪,前浪不断变新浪。"我介绍了母女二人之后,接着说了这句话,一下子赢得了学员的热烈掌声。

本单元打卡练习

请参考本单元所讲的观点提炼方法"熟悉的起点,新颖的制高点",填写以下观点的后半句:

- 颜值,可以吸引眼球;言值,才能_____。
- 不要随波逐流,要_____。
- 学,然后知不足;练,_____。
- 拥有金钱而简朴,拥有_____而_____。
- 失败的试错是进步的代价,成功的喜悦是_____。

2)立体视角

观点提炼的第二种方式是立体视角。

有一次,有位挚友来上海出差,他告诉我他所在城市这几年经济发展很好,房价上涨很快,建议我去他所在城市置业,可以退休之后去养老。姑且不说我符不符合买房条件,我买房的资金上就很有压力。我想起了"机遇总是给有准备的人"这句话,我换了个视角,告诉这位挚友"机遇总是给有实力的人",他哈哈一笑,也明白了我的意思。

我们用立体视角的方法,在"机遇总是给有准备的人"这句话上,可以得出很多观点,如:

- **机遇总是给持续迭代的人**
- **机遇总是给有眼光的人**
- **机遇总是给能做会说的人**
- **机遇总是给有前瞻性的人**
- **机遇总是给默默积累的人**
- **机遇总是给坚持不懈的人**
- **机遇总是给脚踏实地的人**
- **机遇总是给高情商的人**

- 机遇总是给抗压能力强的人
- 机遇总是给……的人

在不同的场景下,你可以用换框的方式调整,让观点更新颖、更应景。

再如,演讲的主题是关于"努力和选择之间的关系",演讲者就有必要抛出自己的见解。显然孤立地说选择重要或者努力重要,都是失之偏颇的,有必要做细分,这时候就可以使用立体视角提炼观点。

- 观点之一:有能力选择时,选择比努力重要;没有能力选择时,努力比选择重要。
- 观点之二:越努力,选择越多。
- 观点之三:努力是为了下一次有更好的选择。
- 观点之四:选择的方向不对,努力就会白费。

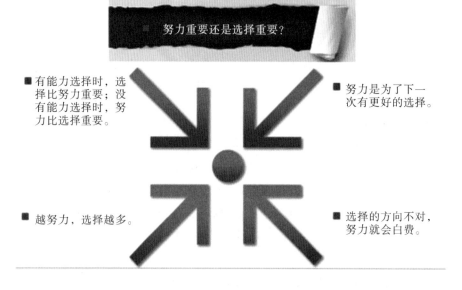

如果你经常跑步并使用 Keep App 的话,有一句话一定非常熟悉,那就是"自律给我自由",用立体视角的方式也可以得出很多新颖观点。

自律给我自信!

因为在排练的时候我非常自律,每一次都能保证有效果、有效率地进行,所以当我真正上台的时候就很自信。自律给我自信!

自律给我自强!

我以前演讲能力不足,但我很自律,按老师说的方法坚持演练,在每一次公众表达的时候都做了充分准备,一次次勇敢地上台绽放自己。自律让我内心更加强大,自律给我自强!

自律给我勇气!

所谓勇气,就是带着恐惧前行。因为我很自律,每一次都在不断地挑战自我,带着勇气走上台,带着勇气面对一个又一个新的困难,所以当我再次面对困难和问题的时候,满满的勇气早已是我的坚强后盾。自律给我勇气!

本单元打卡练习

请参考本单元所讲的观点提炼方法"立体视角"补充以下观点的前半句。

- 磨刀不误砍柴工。
- ＿＿＿＿＿＿不误砍柴工。
- ＿＿＿＿＿＿不误砍柴工。
- ＿＿＿＿＿＿不误砍柴工。
- 改变态度,便能改变生活。
- 改变＿＿＿＿＿＿,便能改变生活。
- 改变＿＿＿＿＿＿,便能改变生活。
- 改变＿＿＿＿＿＿,便能改变生活。

6.8 平仄押韵

朗朗上口的语言有韵律,容易被听众记住,所以演讲的观点有必要锤炼得朗朗上口,如果还能平仄押韵的话,那就更出彩了。

2018年4月18日,"中国客户联络中心与大数据产业峰会"在上海国际会议中心举办,我在这个论坛上也发表了一场演讲,在我演讲前面是乌兰察布市市长费东斌先生的演讲。

说到乌兰察布,不知你脑海中有什么印象?知道在哪里吗?也许有人知道是在内蒙古,但具体方位并不一定了解。这位费市长讲话很有水平,他的一句话让现场所有人过耳不忘,他是这么说的,"北京往西一步,就是乌兰察布"。

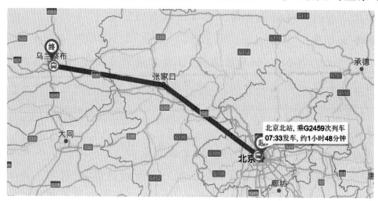

北京坐高铁往西北方向两小时左右,那个城市就是乌兰察布。费市长是来做招商演讲的,底下坐的企业家居多,他希望这些企业把客户服务中心、IT支持中心搬到乌兰察布去。一家企业要把客服中心、IT支持中心搬到另外一个城市,至少考虑两大因素:第一,成本低不低;第二,交通方便不方便。"北京往西一步,就是乌兰察布",这句话完全符合了听众的需求点,正所谓"说听者想听",并且平仄押韵很容易记忆。

2021年5月,我去拍视频课程,前两次拍的效果都很一般,第三次去了之后,那位摄像师曹老师非常专业,现场打好灯光拍出样片后,我一看,和前两次明显有所不同。我说:"曹老师,你很专业,灯光打得很到位。"我这么一说,曹老师淡定地回了一句"一层光,三层妆",让我印象非常深刻。对拍照而言,最好的化妆品不是某某大品牌,而是"光"。假如曹老师说"打好灯光对摄像很重要",那就平淡如水,我也留不下深刻记忆。

请对比以下三句话,体会朗朗上口的观点带来的强有力的传播价值。

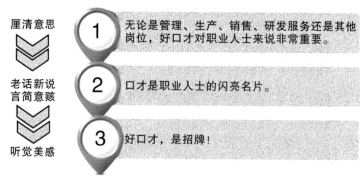

6.9 词"汇"有术

有时候我们对想表达的含义概括得不是特别清楚和精准,主要是因为有些词我们长久不使用,不太熟悉了,就找了一个近义词或者相关联的词来表达。

怎样才能做到演讲词语的精准调用?下面介绍几种方法。

1)做点评

做点评是对概括能力的有效锻炼,比如看完电影做个影评,看完电视剧做个剧评,看完球赛说说感受,等等。做影评、剧评无所谓对和错、好和坏,最主要是体现你的思考、你的见解。有时候我们看完一部电影或电视剧觉得挺好,但又不能说出来好在哪里,那是因为缺乏深度思考,而如果你被逼着做一场点评,这时候你必然去思考哪些方面好、好在哪里、哪些方面不好、为何不好等。点评带动了你的反刍和表达,提高了精准概括能力。

当然,如果没有太多时间看电影、电视剧,也可以做朋友圈的点评。刷朋友圈的时候不要总是赞、赞、赞,赞多了,就变得非常廉价,有必要文字回复一下,提高你的精准概括能力。

我建议可以这么做:晚饭之后,躺在沙发上,拿出手机刷朋友圈,限时(如10分钟)给朋友圈好友挨个儿文字回复,不管是熟悉的还是不熟悉的朋友,无论是发广告的、做微商的、做代购的、发碎片知识的、发心灵鸡汤、发美食的、发自拍的朋友,都用文字回复。尤其是面对联系少、不太熟悉的朋友,当你文字回复的时候已经打开了自我,而演讲者要成为一个自来熟,就有必要打开自我。

记得有次培训时,我让一位学员对他最近看过的一部电影做点评。他说最近看过的电影是《爱情神话》,这部电影当中音乐很特别,他印象深刻。

接下来我和他进行了教练式对话,我说:"如果让你概括三点的话,那你觉得这部电影哪三点让你印象更深刻呢?可以从台词、画面、音乐、思想内涵等多角度来评价。"

很快他就打开了思路,说这部电影有三个方面让他印象非常深刻:第一,这部电影是一部上海方言的电影。通过对上海话的了解,他更加了解上海人的生活。虽然他在上海已经生活了六年时间,但看到的都是高楼大厦、车水马龙,而上海话让他对上海文化有了更深入的了解。第二,这部电影当中的几位主人公都很有思想,让他感觉到了一个人的思想就是重要的软实力,是重要的财富。第三,这部电影的音乐很别致,他很喜欢听。

之后,他还顺带说了一句:"哇,一下子觉得这部电影看得很值!"你看,当我们做点评的时候,我们看过的事物对我们的价值已增值。

2)翻词典

词"汇"有术的第二种方法叫"翻词典",翻一本很多人家里都有的词典——《汉语成语小词典》。

对大多数演讲者而言,词语的调用都是现场的自由发挥和瞬间甄选,词语储备的丰富程度直接影响词语调用的准确程度。翻词典,和那些多年不打交道的日常词语打打招呼,熟络起来,临场发挥时,那些词语才能救急,才能"两肋插刀"。

- 形容演讲精彩的词语:荡气回肠、引人入胜、精妙绝伦、扣人心弦、韵味无穷、精彩纷呈。

- 形容演讲乏味的词语:长篇大论、枯燥乏味、单调无趣、陈词滥调、了无生气。

【小贴士:近义成语】

1-1	呕心沥血	1-2	殚精竭虑
2-1	重整旗鼓	2-2	卷土重来
3-1	当仁不让	3-2	义不容辞
4-1	道貌岸然	4-2	一本正经
5-1	一视同仁	5-2	等量齐观
6-1	牢不可破	6-2	颠扑不破
7-1	洞若观火	7-2	了如指掌
8-1	标新立异	8-2	独树一帜
9-1	耳濡目染	9-2	耳闻目睹
10-1	朝三暮四	10-2	朝秦暮楚
11-1	浮光掠影	11-2	走马观花
12-1	绘声绘色	12-2	有声有色
13-1	历历在目	13-2	记忆犹新
14-1	冠冕堂皇	14-2	堂而皇之
15-1	海市蜃楼	15-2	空中楼阁
16-1	络绎不绝	16-2	川流不息
17-1	一尘不染	17-2	洁身自好

18-1	目不斜视	18-2	目不转睛
19-1	目空一切	19-2	目中无人
20-1	背道而驰	20-2	南辕北辙
21-1	念念有词	21-2	振振有词
22-1	蚍蜉撼树	22-2	螳臂当车
23-1	撼天动地	23-2	惊天动地
24-1	开诚布公	24-2	推心置腹
25-1	夸夸其谈	25-2	高谈阔论
26-1	刻不容缓	26-2	迫不及待
27-1	语重心长	27-2	苦口婆心
28-1	屈指可数	28-2	寥寥可数
29-1	无稽之谈	29-2	流言蜚语
30-1	进退维谷	30-2	进退两难
31-1	为所欲为	31-2	随心所欲
32-1	微乎其微	32-2	微不足道
33-1	妄自菲薄	33-2	自暴自弃
34-1	外强中干	34-2	色厉内荏
35-1	耸人听闻	35-2	骇人听闻
36-1	置之不理	36-2	束之高阁
37-1	深谋远虑	37-2	深思熟虑
38-1	本末倒置	38-2	舍本逐末
39-1	杞人忧天	39-2	庸人自扰
40-1	气吞山河	40-2	气势磅礴

3)重读旧课文

多读经典文章,对措辞和韵律会产生记忆,演讲时可以很自如、自然地联想和调用,有利于增加演讲语言的光泽度,同时也能勾起听众似曾相识的感觉。

朗读经典可以是整篇文章,也可以是经典名言。如鲁迅《从百草园到三味书屋》的片段、朱自清《背影》的片段、范仲淹《岳阳楼记》的片段、王勃《滕王阁序》的片段等。

"予观夫巴陵胜状,在洞庭一湖。衔远山,吞长江,浩浩汤汤,横无际涯;朝晖夕阴,气象万千。此则岳阳楼之大观也,前人之述备矣。然则北通巫峡,南极潇湘,迁客骚人,多会于此,览物之情,得无异乎?"《岳阳楼记》中的片段读起来依然感觉朗朗上口,心旷神怡。多读、精读,自然可以信手拈来地调用。

7 余音绕梁的演讲尾声

7.1 尾声的雷区

演讲尾声的雷区有以下几种类型。

第一种雷区叫"突然刹车"。时间一到,"突然刹车",给人一种应付了事的感觉,给人感觉演讲者在台上一分钟一秒钟都不想多停留。演讲"突然刹车"是缺乏责任感的表现,不考虑听众感受,不考虑内容是否讲完,不考虑演讲效果。

在某次客户服务行业论坛上,有位演讲者在 20 分钟左右的时间里,讲了四五十页 PPT,而且每张 PPT 都是文字满篇,搭配着深奥难懂的技术、业务图片。因为文字太多,他的演讲有些念稿的感觉。

当他看到会务人员在后面举起"时间到"的提醒牌时,还有好几页没有讲,这时候他说"因时间关系,就分享到这里",然后急匆匆地退场了。讲的好坏姑且不说,这样的演讲结尾方式,丝毫未体现演讲者的职业风范。

我在读高中的时候,同学们都说某位老师很不敬业,何以证明?有一次,这位老师在黑板上写字,那个汉字写到一半的时候,突然间下课铃声响了,他转身说了一句"同学们,下课",然后就离开教室了。当同学们抬头看时,发现老师已经离开教室了,那半个字挂在黑板上。当年如果有数码相机的话,我估计这位老师早就成网红了。

一般来说,演讲虽然有限定的时间要求,但演讲不要突然"刹车",得确保内容有效讲完,既不拖延太久也能死扣节奏。做到有效的演讲过程控制,才能做到时间的有效把控。

第二种雷区是岔开话题,忽视主题,信马由缰。比如,有的管理者想在讲话中强调计划的重要性,洋洋洒洒讲了很长时间,大家以为要结束了,结果他又来了一句:"计划固然重要,但是光有计划还是远远不够的,还需要有强有力的执行力。怎样才能打造强有力的执行力呢？接下来我们再探讨一下关于执行力的话题。"这就有点信马由缰的感觉，一个主题在讲之前要告诉听众，让大家有一种新的预期，而不是内容随意衔接，随意搭配。

有的演讲者讲起话来使听众听得昏昏欲睡，现场气氛非常压抑，可突然间有一句话提神醒脑、振奋人心，这句话是"接下来，我讲最后一点"，大家一听，哇！太棒了，都最后一点了，那看来马上就要结束了，有的女士都把包包拎出来放桌上了，没想到这位演讲者又来了一句"关于这一点，我将从以下八个方面进行阐述"，大家郁闷地感觉掉入了另一个时间黑洞。

演讲尾声的第三种雷区就是千篇一律、不做设计、平淡无味，给听众留不下任何的印记。也就是说当你听完演讲之后，你根本回想不起来演讲是如何结束的，因为太过平淡，不留一丝痕迹。

7.2 尾声要素

尾声可以有很多要素，如总结内容、讲述故事、引用名言、抛出幽默、发出倡议、送上祝福等。演讲尾声的"基本款"由三个要素组成，分别是首尾呼应、总结内容、发出倡议或提出要求。如果是给下属演讲，那就是"提出要求"；如果是给非下属演讲，那就是"发出倡议"。

余音绕梁的尾声

- 首尾呼应
- 总结内容
- 发出倡议或提出要求

比如，你用"道具法"做开场，你在开场时用杯子做道具告诉大家：杯子的设计当中，高度变化不叫创新，维度交叉叫创新。结尾时，你把这个杯子再端上，用首尾呼应的方式做尾声。

【演讲尾声范例】

> 大家还记得这个杯子吗？是的，我们说高度变化不叫创新，维度交叉才叫创新，我们今天探讨了"维度交叉带来的产品研发创新"这个话题，包括以下一些内容……
>
> 希望这些内容、思维模式能激起你更大的思考潜能和行动习惯，在未来的产品研发当中，用维度交叉去推动我们公司的产品创新，打造更有竞争力的产品体系！谢谢大家！

如果说开场你是用数字分析做导入的，那这时候你可以把这个数字再写在白板上，用"敲白板"的方式提醒大家："大家还记得这个统计数据吗？今天我们通过这个数据的分析，导入了××主题，主要讲了以下几个方面的内容……希望大家在未来的工作中积极地应用这种方法，让数据产生决策价值，为公司发展贡献更大力量！"

讲故事的方式，在演讲开场、绽放中可以使用，在演讲尾声中当然也可以使用。如乞丐与玫瑰花的故事，就可以用在很多演讲尾声当中。

【演讲尾声范例】

> 最后，我分享一个小故事。一位卖花的小女孩送给了乞丐一朵玫瑰花，乞丐回到家之后，在家里找出一个瓶子装上水，把玫瑰花插进去养起来。他突然间觉得，这么漂亮的花怎么能随意插在这么脏的瓶子上呢？所以他决定把瓶子洗干净，这样才配得上这么美丽的玫瑰花！做完这些工作后，他又坐在边上静静地欣赏着美丽的玫瑰花，突然间他感觉到：这么漂亮的玫瑰花怎么能放在这么杂乱的房间里呢？于是他做了一个决定，把整个房间打扫一遍，把所有的物品摆放整齐，把所有的垃圾清理出房间……整个房间因为有了玫瑰花的映射而变得温馨起来，这时他仿佛忘记了自己所在何处，正在陶醉时，突然发现镜子中映射出一个蓬头垢面、不修边幅、衣衫褴褛的年轻人，他没想到自己居然是这个样子，这样的人有什么资格待在这样的房间里与玫瑰花相伴呢？
>
> 于是他立刻去洗了澡，刮了胡子，穿上稍微干净的衣服，把自己从头到脚整理了一番，然后再照照镜子，突然间发现一个从未有过的年轻帅气的脸出现在镜子中！

这时候，他突然间觉得自己也很不错，为什么要去当乞丐呢？这是他当乞丐以来第一次这样问自己，他的灵魂在瞬间觉醒了：其实我也很不错！再看看房间中的一切，再看看这朵美丽的玫瑰花，他立刻做出了一个人生中最重要的决定——去找工作。自此之后，他努力勤奋地工作，打开了灿烂的人生之路。

今天我们所讲的内容，就相当于这朵玫瑰花，而你早已是成功在途的职业人士，希望这朵玫瑰花能激发你更多的涟漪和思考，推动你的层层蜕变，让你绽放出全新的更有口才魅力的自己！

名人名言也是尾声的可选要素和方法之一。用名人名言做演讲尾声，既有高度，又余味悠长。

【演讲尾声范例】

德国哲学家黑格尔曾经说过："假如没有热爱，世界上一切伟大的事业都不会成功。"愿你热爱生活，热爱工作，热爱演讲，让梦想在演讲的加持下飞扬！

【演讲尾声范例】

英国剧作家、诗人威廉·莎士比亚说过："简洁是智慧的灵魂，冗长是肤浅的藻饰。"让我们去除冗长的表达，用简洁的语言去打动别人，让语言的魅力在时空飘扬！

本单元打卡练习

请用"首尾呼应＋总结内容＋发出倡议/提出要求"的三要素组合，设计你下一次演讲的尾声。

7.3 促动行为

演讲尾声中的提问促动

儿子三四岁时，我给他讲《木偶奇遇记》绘本故事，绘本只有薄薄几页，大体讲了匹诺曹的故事概况。后来他上小学了,给他买了本《木偶奇遇记》故事书,发现居然有 12 万字。这本书不仅故事更丰富、细节更丰满,更重要的是书上还有"好句积累""阅读心得""问题思考"等作业。通过"好句""心得""思考"的作业练习,他从《木偶奇遇记》故事书中学到的知识比只读绘本故事丰富了很多。

演讲与此也有很多相似之处,演讲者洋洋洒洒地讲完了,掌声过后,听众或许有些心动,但他的行为有可能还丝毫未启动。这时候,演讲者如果没有话语的跟进,听众的行动力只能靠自发。如果演讲者在尾声部分加一些行为促动,效果可能就会升华。

【演讲尾声促动范例】

> 今天的演讲将至尾声,在此我们做个简要的回顾……
>
> 希望这些内容能带给大家启发、思考和感悟,并产生行动价值,在此我给大家三个问题做会后思考,希望大家在明天下班之前,书面写给自己:
> - 你印象最深刻的内容有哪些?
> - 演讲内容激发了你对哪些事情的思考?
> - 你有哪些相对具体的行动计划?
>
> 谢谢大家!

7.4　提问应答

提问应答分两种类型:演讲者提问听众,听众或主持人提问演讲者。

1)演讲者提问听众

演讲者提问听众是演讲互动的一种形式,主动性更多掌握在演讲者手中。演讲者在演讲过程中提问听众有以下价值:

- 是推动听众自发思考的着力点;
- 是讲授与演练的结合点;
- 是演讲节奏的缓释点;
- 是制止无关谈话的提醒点;
- 是重点内容讲授的驻足点;
- 是激发讨论的起始点;
- 是让沉默不语者或交头接耳者参与进来的提示点。

演讲者提问之后,有必要做好以下的"三位一体"。

(1)提问之后找谁回答。演讲者通过找聆听认真者,或面带微笑者,或积极举手者,或积极聆听但发言较少者回答,往往能得到期望或预料中的答案,也能激发其他听众参与。如果提问的对象是聆听不够认真的、看手机的,这时可能会冷场或产生对抗等气氛。所以,演讲者的目光一直在"察言观色"。

(2)听众回答时做什么。在听众回答问题的过程中,演讲者需要仔细聆听,精准归纳,必要时做关键词记录,既体现对回答者的重视,也为自己的复述和概括做关键词记录。

(3)听众回答后做什么。演讲者对听众的回答要做逻辑清晰、措辞凝练的概括,也可以根据需要让其他听众做点评,然后演讲者对该听众的回答做优点、建议的点评,并关联到演讲的观点上,让观点落地。

提问后的"三位一体",在互动中"融化"演讲观点,给听众留下深刻印象。

2)听众或主持人提问演讲者

演讲结束之后,很多情况下有 Q&A(提问与回答)环节。回答听众或主持人的提问,对演讲者来说是"常规动作",应答要基于开放、平等、有理、有据、有节、大方、得体、幽默的原则。

【提问应答范例】以问代答

1831 年,法拉第发现电磁感应现象,确定了电磁感应的基本定律,在大庭广众之下做电磁学的实验演示。实验结束,有人站起来问:"您的发明有什么用呢?"法拉第看了提问者一眼,反问道:"请问,新生婴儿有什么用呢?"

提问者的问题带有嘲讽的色彩,也暴露了他对科学的无知,而法拉第的反问让对方自悟其理。

如果碰到棘手又不属于演讲主题范畴的提问,可以建议演讲后私下探讨。

【提问应答范例】私下探讨

> 这位听众看来对这个主题做过深入研究,问题问得很好。不过我们本次演讲时间很紧凑,我把你的问题记下来,演讲结束后我们私下详细交流、共同探讨。谢谢你的支持!

演讲中面对猝不及防的提问,应答遵循以下几个原则:

(1)不让别人难堪。
(2)不让自己难堪。
(3)不让演讲失控。
(4)不带个人情绪去回答问题,做到不偏激。
(5)回答要大度、大方、立体,体现正能量。
(6)回答可以厘清问题,但不能绕开问题、雪藏问题。

【提问应答范例】

> 主持人曹可凡采访郭德纲、于谦,在采访现场问了一个有点刁钻的问题:"你们刚才说合作这么多年没红过脸,没有过矛盾,这在搭档当中已经是非常少见了。有没有一些对方秉性上、习惯上看不惯的东西,你们互相是看不惯的?我先问德纲,你觉得于谦哪些东西你是看不惯的,希望他能改。"
>
> 郭德纲:"第一,没有什么我看不惯的;第二,有,他也改不了。(笑点)都这个岁数了,还改什么改!"
>
> 曹可凡:"有哪些东西你希望他改?"
>
> 郭德纲:"就是少抽点烟,少喝点酒。其他的,我觉得没什么大毛病,活得挺开心,养鱼养鸟养龟养鹿养马养猴养狗养猫养兔子,能养的都养了,最大的爱好是种菜种树,挺好的,来了之后就是人民艺术家,回家之后就是农民伯伯,我觉得他这辈子没白活,挺好。活明白了,挺好。"
>
> 我看完不禁哈哈一乐,更为郭德纲的真诚、走心、得体的回答点赞!听众喜闻乐见的表达,真诚是基础,幽默来修饰!

【提问应答范例】

美国福特公司曾经一度陷入低谷,当时的总裁亨利·福特通过一系列的改革和创新,使每月亏损九百万美元的福特汽车公司成功扭转了不利的局面。

有人针对他在改革过程中做过的一些错误决定而问他:"如果让你从头做起的话,你会避免那些错误吗?"

亨利爽朗地答道:"我依然会犯错,人们常常都是在错误和失败中逐渐学到成功的,如果要我从头再来的话,我想我可能会犯不同的错误。"

亨利幽默地道出了他之所以取得事业成功的重要原因。

【提问应答范例】

尊敬的各位考官,你们好!很荣幸能够通过选拔参加贵公司的面试,我叫李芳,今年24岁,于2020年7月毕业于××大学,半个月前本着对写作的爱好和梦想的驱动,我深深地被这座充满了文化气息和创新活力的城市所吸引而来到这里。正巧看到了贵公司在招聘记者,便满怀希望地投递了简历,希望可以得到这份梦寐以求的工作。

我一直爱好文学,自中学开始就在一些期刊上发表散文,大学时出版了第一本长篇小说,并且得到了读者们的认可,今天我带来了部分作品,各位领导可以直观地了解我的写作能力。

在经验方面,我和竞争对手们相比可能不占优势,但是我相信当一个人能够将自己的职业当成一种爱好时,就能全力以赴地满怀激情地努力工作,而我正是怀着这样的希望来应聘贵公司的记者职位的。

假如我有幸和大家成为同事,我将更加努力提高自己的水平,绝不辜负领导的信任!

【提问应答范例】

有位年轻女性问杨澜:"您认为到底是干得好重要,还是嫁得好重要?"

杨澜的回答如下:"我觉得这是一个伪命题,为什么你需要让自己做这道选择题呢?干得好,是安全与独立,嫁得好是幸福感。二者兼顾不仅是女性的梦想,也是男性的追求。"

请熟读以上的提问应答范例,并在某次演讲结束后的提问应答环节,选择以问代答、巧妙拒答、私下探讨等合适的方法,回答听众提问。

7.5 演讲准备清单

有位好友朋友是茶道专家,他要做一场关于茶道的演讲,请我做辅导,我欣然接受。

演讲内容术业有专攻,我和对方探讨演讲提纲过程中不能扮演执笔者、思考替代者,但我可以扮演教练的角色,效果还不错。正如"教练"一词的英文"coach"可翻译为"马车"一样,马车不能告诉你要去的目的地,但马车可以帮助你到达目的地。教练的核心工作是向对方抛出一些高价值、高质量的提问,厘清思路,迭代优化。

要精心准备一场演讲,你可以参照以下 20 个问题逐项思考和梳理。

Q1:演讲的听众是哪些人?(明确听众)

Q2:你的演讲多长时间?(时间把握及内容搭配)

Q3：你希望带给听众什么观点、方法，或提出什么样的要求？（演讲目的及价值）

Q4：演讲的一级提纲之间是何种逻辑关系？（框架结构设计）

Q5：演讲每个单元带给听众的价值是什么？（分模块的作用和价值）

Q6：开场是否有别开生面的演讲技术或艺术手法应用？（演讲导入方式）

Q7：演讲内容绽放是如何设计的？（演讲绽放的方法）

Q8：你要传播的主要观点是什么？（观点提炼）

Q9：每个一级提纲下是否有故事、案例或场景穿插？（用故事诠释观点）

Q10：故事是否有背景、人物、细节、对白、悬念、桥段、观点等设计？（画面感呈现）

Q11：演讲过程中有哪些互动设计？（互动）

Q12：你希望听众在聆听过程中给予怎样的反馈？（听众反馈）

Q13：开场、绽放、结尾等环节是否需要用到道具？（道具）

Q14：是否需要引用名言？（名言说服力）

Q15：是否需要用到统计数据？（数据说服力）

Q16：是否需要穿插音频或视频？（音视频）

Q17：现场座位该如何布局？设备如何调试？（现场布局及设备调试）

Q18：演讲该以怎样的语言风格为主？（语风）

Q19：是否穿插笑点设计？（笑点）

Q20：演讲尾声是如何设计的？（尾声）

写完这些问题，不禁让我想起给企业讲 TTT 课程时，晚上和学员们加班做烧脑的提纲推敲、讲授优化，三四个小时也只能梳理十多个提纲和演绎方式。

如果用以上的演讲准备清单做提纲推敲、演讲优化，我相信可以事半功倍！

在下次演讲准备时，请参照以上的 20 个问题，逐项进行梳理。

翻到这里，您已经基本读完了本书。恭喜您，您的演讲技巧已经发生着潜移默化的蜕变！

知行转化需要反复的应用，希望这本书能被您放在书架上较为醒目的地方，在您遇到真实的演讲需求时再次翻阅、反刍和应用这些方法及工具，为您演讲蜕变助一臂之力，这也是我的荣幸！

感谢与您文字相遇！

后 记

2022年1月,App Annie发布的《2022年移动状态报告》显示:2021年全球移动设备使用量为3.8万亿小时,创历史新高。中国用户使用手机时长全球排名第17位,平均每天使用3.3小时。

在手机刷屏的时代,为什么还要写书、读书？这个问题在我一开始写书的时候就有思考,在这里和您交流。

1.真诚写书是一种利他行为

2022年,我阅读的书籍中印象最深刻的是清华大学社会科学院院长彭凯平教授与清华大学幸福科技实验室学习中心副主任闫伟博士合著的《活出心花怒放的人生》。这本书从积极心理学角度,让我们学会"拯救不开心"、成为受欢迎的人、找到职场幸福等。从书的主题上来看,这本书属于心理建设、观念态度类的书籍,不过作者也给出了很多落地的方法和工具,如"反转情绪的方法""如何让爱在婚姻中持续"等。当读者在困惑、压抑、郁闷中读到这样的书籍,如春风拂面,又犹如阳光照进心田,会产生积极向上的能量,推动生活、工作的和谐与幸福。

我也希望本书中所写的理念、方法、知识对您有价值,尤其在准备一些具体的场景化演讲时,当您感觉困惑不知如何下手时,您不妨按图索骥地运用本书提到的演讲理念和方法。这样可以为您节省时间,助力您的思考和表达绽放。

2.写书促进系统思考

术业有专攻,每个人在职业发展的不同领域都有积淀,写书也在帮我们整理这种积淀。因为写书是一个持续的过程,不是三言两语就能写完的。今天写了一部分,明后天再想想,下一周、下个月再想想,这是在丰富内容,也是在反复推敲。思考得多了,视角就更全面了,书内容的系统性也就更强了,对读者的价值和营养也就更高了。

写书,从列出一级、二级、三级提纲开始,就是逐层的系统思考和逻辑推敲,在每个单元的编写中,素材、案例更需要去甄选、挖掘,不是把过去的积累像整理房间一样简单归置,而是全新的设计和突破。所以,写书的过程不仅是对自己已有积淀的整理,同时也是新思想、新发现的促成。

3. 书籍是"知识的守候"

每个人都有自己感兴趣的领域,买了这方面的书,即便没有第一时间看,搁置在书架上,其实这也是一种"知识的守候",在你需要时,书籍就是你随时的后援力量。

上海的星火日夜商店是我国最早的 24 小时便利店。就是这么一家看似不起眼的小店,发生过很多令人感动、难忘的故事。一位退休老店员在接受采访时回忆说:1999 年冬天凌晨 2 点多,一位先生骑着自行车急匆匆来到店里,说他孩子不小心咬碎了水银温度计,把水银吞到肚子里去了,医生急诊之后说必须马上喝牛奶、吃鸡蛋才能有助于排出体外,可在当时的上海,他一时找不到 24 小时便利店,就带着急迫的心情来到星火日夜商店,希望在这里能得到帮助。值班店员听完之后,马上到仓库找了牛奶、鸡蛋,后来孩子得以转危为安。这位老店员说这样的事情在星火日夜商店发生过很多次,星火日夜商店在老上海人心目中已经不仅是一家便利店,而是一盏明灯,一盏守候的明灯。

我听完这个故事,很有触动,我感觉书籍也是一种守候。用心写书,即便书躺在书架上被翻阅得不多,关键时候也能解决读者某方面的燃眉之急,这是作者的职责所在、使命所在,也是价值所在。

本书中讲述的很多案例是我自己的真实故事、真实体验和真实思考。当我回首职业生涯时,总感觉时光匆匆,我在中国东航和中国太保的两段职业生涯,共 12 年;从 2010 年起从事职业培训,到 2023 年转眼也已经 13 年了。我把这些年关于演讲、表达的一些思考、实践、积累凝练出来,以文字的方式与您交流,希望能对您的演讲、表达蜕变起到关键的作用,也希望您为购买本书花的钱、为读本书花的时间物超所值。

让我们一起持续磨砺演讲能力,提高我们的表达魅力,将话语转变为价值和生产力!

周力之

2023 年 1 月 9 日于上海打浦桥

推荐语

这是一本职场人士的必备手册,一本生动、有料、接地气的演讲书,是力之老师的宝贵经验馈赠。十余年外企职场经历,我一口气读下来,深感裨益,书中的演讲技巧就是我们日常各种场景的锦囊,干货满满、妙趣横生,非常适合职场人士"充电",实现蜕变!

蒂升家用电梯(上海)有限公司市场部经理　胡婷

和荔枝兄相识交往越深,愈发觉着应了"日啖荔枝一堂课,不辞长作习讲人"。听过力之老师的课,我粉丝状黏上去。看了力之老师发来的书稿,内功心法,招式兵器,皆和盘托出,我等 Alice(爱荔丝,热爱荔枝的粉丝)自是如获至宝、乐不可支。

上海华略智库集团有限公司学术交流中心总监　张继军

荔枝哥的这本书,就像一盏灯,照亮我们演讲前行的道路。传播学里有一个词叫"贴近性",即人们对离自己更近的信息感兴趣,包含时间和空间上的,也有心理和情绪上的。荔枝哥的诸多案例和方法,体现了"贴近性",让作者、读者有效贴近。

建筑学博士、上海经纬建筑规划设计研究院股份有限公司副总建筑师　刘江

周老师是我认识的一位优秀培训师。他的讲课,内容专业、视野开阔、案例丰富、生动有趣,而且比较接地气,对实际工作很有帮助。除了演讲课程,周老师在服务管理方面也有深入研究,课程对于服务业提高品质、提高客户满意度方面深有启发。

高级经济师、中信银行上海外滩支行行长　徐波